南京大学郑钢基金

ZHENG GANG FUND OF NANJING UNIVERSITY

由南京大学郑钢基金资助出版

折射集
prisma

照亮存在之遮蔽

L'aperto: L'uomo e l'animale

Giorgio Agamben

当代激进思想家译丛

● 丛书主编 张一兵

敞开：人与动物

[意] 吉奥乔·阿甘本 著 蓝江 译

南京大学出版社

激进思想天空中不屈的天堂鸟

——写在"当代激进思想家译丛"出版之际

张一兵

传说中的天堂鸟有很多版本。辞书上能查到的天堂鸟是鸟也是一种花。据统计,全世界共有40余种天堂鸟花,在巴布亚新几内亚就有30多种。天堂鸟花是一种生有尖尖的利剑的美丽的花。但我更喜欢的传说,还是作为极乐鸟的天堂鸟,天堂鸟在阿拉伯古代传说中是不死之鸟,相传每隔五六百年就会自焚成灰,由灰中获得重生。在我看来,我们在南京大学出版社新近推出的"当代激进思想家译丛"所引介的一批西方激进思想家,正是这种在布尔乔亚世界大获全胜的复杂情势下,仍然坚守在反抗话语生生灭灭不断重生中的学术天堂鸟。

2007年,在我的邀请下,齐泽克第一次成功访问中国。应该说,这也是当代后马克思思潮中的重量级学者第一次在这块东方土地上登场。在南京大学访问的那些天里,除去他的四场学术报告,更多的时间就成了我们相互了解和沟通的过程。一天他突然很正经地对我说:"张教授,在欧洲的最重要的左翼学者中,你还应该关注阿甘本、巴迪欧和朗西埃,他们都是我很好的朋友。"说实话,那是我第一次听到这些陌生的名字。虽然在2000年,我已经提出"后马克思思潮"这一概念,但还是局限于在国内已经比较热的鲍德里亚、德勒兹和后期德里达,当时,齐泽克也就是我最新指认的拉康式的后马克思批判理论的代表。正是齐泽克的推荐,促成了2007年南京大学出版社开始购买阿甘本、朗西埃和巴迪欧等人学术论著的版权,这也开辟了我们这一全新的"当代激进思想家译丛"。之所以没有使用"后马克思思潮"这一概念,而是转启"激进思想家"的学术指称,因之我后来开始关注的一些重要批判理论家并非与马克思的学说有过直接或间接的关联,甚至干脆就是否定马克思的,前者如法国的维利里奥、斯蒂格勒,后者如德国的斯洛特戴克等人。激进话语,可涵盖的内容和外延都更有弹性一些。这一新的研究领域已经开始成为国内西方左翼学术思潮研究新的构式前沿。为此,还真应该谢谢齐泽克。

那么,什么是今天的激进思潮呢? 用阿甘本自己的指认,激进话语的本质是要做一个"同时代的人"。有趣的是,这个"同时代的人"与我们国内一些人刻意标举的"马克思是我们的同时代的人"的构境意向却正好相反。"同时代就是不合时宜"(巴特语)。不合时宜,即绝不与当下的现实存在同流合污,这种同时代也就是与时代决裂。这表达了一切激进话语的本质。为此,阿甘本还专门援引尼采①在 1874 年出版的《不合时宜的沉思》一书。在这部作品中,尼采说自己"这沉思本身就是不合时宜的",他在此书"第二沉思"的开头解释说:"因为它试图将这个时代引以为傲的东西,即这个时代的历史文化,理解为一种疾病、一种无能和一种缺陷,因为我相信,我们都被历史的热病消耗殆尽,我们至少应该意识到这一点。"②将一个时代当下引以为傲的东西视为一种病和缺陷,这需要何等有力的非凡透视感啊!依我之见,这可能也是当代所有激进思想的构序基因。顺着尼采的构境意向,阿甘本主张,一个真正激进的思想家必然会将自己置入一种与当下时代的"断裂和脱节之中"。正是通过这种与常识意识形态的断裂和时代错位,他们才会比其他人更能够感知乡愁和把握他们自己时代的本质。③ 我基本上同意阿甘本的观点。

阿甘本是我所指认的欧洲后马克思思潮中的一员大将。在我看来,阿甘本应该算得上近年来欧洲左翼知识群体中哲学功底比较深厚、观念独特的原创性思想家之一。与巴迪欧基于数学、齐泽克受到拉康哲学的影响不同,阿甘本曾直接

① 尼采(Friedrich Wilhelm Nietzsche,1844—1900),德国著名哲学家。代表作为《悲剧的诞生》(1872)、《查拉图斯特拉如是说》(1885)、《论道德的谱系》(1886)、《偶像的黄昏》(1889)等。

② Friedrich Nietzsche, "On the Uses and Abuses of History to Life," in *Untimely Meditations*, trans. R. J. Hollingdale. Cambridge: Cambridge University Press, 1997, p. 60.

③ 阿甘本,《裸体》,黄晓武译,开封:河南大学出版社 2015 年版,第 7 页。

受业于海德格尔，因此铸就了良好的哲学存在论构境功底，加之他后来对本雅明、尼采和福柯等思想大家的深入研读，所以他的激进思想往往是以极为深刻的原创性哲学方法论构序思考为基础的。并且，与朗西埃等人1968年之后简单粗暴的"去马克思化"（杰姆逊语）不同，阿甘本并没有简单地否定马克思，反倒力图将马克思的批判精神与当下的时代精神结合起来，以生成对当代资本主义社会存在更为深刻的批判性透视。他关于"9·11"事件之后的美国"紧急状态"（国土安全法）和收容所现象的一些有分量的政治断言，是令西方资本主义国家政要恐慌的天机泄露。这也是我最喜欢他的地方。

朗西埃曾经是阿尔都塞的得意门生。1965年，当身为法国巴黎高师哲学教授的阿尔都塞领着整个西方马克思主义科学思潮向着法国科学认识论和语言结构主义迈进的时候，那个著名的《资本论》研究小组中，朗西埃就是其中的重要成员。这一点，也与巴迪欧入世时的学徒身份相近。他们和巴里巴尔、马舍雷等人一样，都是阿尔都塞的名著《读〈资本论〉》(Lire le Capital, 1965)一书的共同撰写者。应该说，朗西埃和巴迪欧二人都属于阿尔都塞后来最有"出息"的学生。然而，他们的显赫成功倒并非承袭了老师的道统衣钵，反倒是因他们在1968年"五月风暴"中的反戈一击式的叛逆。其中，朗西埃是在现实革命运动中通过接触劳动者，以完全相反的感性现实回归远离了阿尔都塞。

法国的斯蒂格勒、维利里奥和德国的斯洛特戴克三人都算不上是后马克思思潮的人物，他们天生与马克思主义不亲，甚至在一定的意义上还会抱有敌意（比如斯洛特戴克作为当今德国思想界的右翼知识分子，就是反对马克思主义的）。可是，在他们留下的学术论著中，我们不难看到阿甘本所说的那种绝不与自己的时代同流合污的姿态，对于布尔乔亚世界来说，都是"不合时宜的"激进话语。斯蒂格勒继承了自己老师德里达的血统，在技术哲学的实证维度上增加了极强的批判性透视；维利里奥对光速远程在场性的思考几乎就是对现代科学意识形态的宣战；而斯洛特戴克最近的球体学和对资本内爆的论述，也直接成为对当代资产阶级全球化的批判。

　　应当说，在当下这个物欲横流、尊严倒地、良知与责任在冷酷的功利谋算中碾落成泥的历史时际，我们向国内学界推介的这些激进思想家是一群真正值得我们尊敬的、严肃而有公共良知的知识分子。在当前这个物质已经极度富足丰裕的资本主义现实里，身处资本主义体制之中的他们依然坚执地秉持知识分子的高尚使命，努力透视眼前繁华世界中理直气壮的形式平等背后所深藏的无处控诉的不公和血泪，依然理想化地高举着抗拒全球化资本统治逻辑的大旗，发出阵阵出自肺腑、激奋人心的激情呐喊。无法否认，相对于对手的庞大势力而言，他们显得实在弱小，然而正如传说中美丽的天堂鸟一般，时时处处，他们总是那么不屈不挠。人类社会发展的历史已经明证,内心的理想是这个世界上最无法征服也是力量最大的东西,这种不屈不挠的思考和抗争,常常就是燎原之前照亮人心的点点星火。因此,有他们和我们共在,就有人类更美好的解放希望在!

从动物到人，再到怪物

——阿甘本《敞开》中译导言

　　人，或许是整个人类历史上最基础，最经常使用，但也最难理解的概念之一。在我们的话语和理论框架中，在我们的文学和影视作品中，在医学、生命科学甚至与生命没有直接关联的物理学中，人都是一个不可或缺的命题。然而，我们从本质上（per se）来界定人的努力往往会归于失败，无论是杜撰的柏拉图的"人是两腿无毛会直立行走的动物"的定义，还是卡西尔（Cassirer）的"人是符号的动物"，都会遇到其不可跨越的阻碍。不过，无论如何，我们会发现，人类历史上主要的关于人的界定，必然是参照动物来设定的，也就是说，与其说这些定义界定了人的本质，不如说它们界定的是人与动物之间的关系。于是，真正的问题出现了，即在我们的文化中，应该如何在人与动物的关系的链条上来建构整个人类知识和文化的大厦？我们是否真的可以在人与动物之间划开一道鸿沟，让人文主义的理性和文化可以安享自己虚幻的家园？对于这样的问题，我们似乎很难用是或否这样简单的答案来回答，因此，我们需要回到更为根本的本源处，来梳理其中被忽略的线索。

一

　　在古希腊神话中，有一种十分奇特且无法归类的存在物：人马。实际上，对于人马，很难从分类学上给予归类，尽管是一种虚构的造物，但人马不是神灵，因为它不能归于奥林匹斯众神和泰坦神的后代，同时人马也不能归于人类，相对于人，人马更为残暴，也更具肉欲。当然，人马也不是动物，尽管人马拥有马的身躯，但是人马却拥有与人一样的智慧，尤其是人马在某些技能和智慧上胜人一筹。在所有的人马中，其中最为出名的就是喀戎（Chiron，也写作 Cheiron，在古希腊语中，这个词的意思是"手"）。喀戎的与众不同首先体现在外貌上，与其他人马的四条腿均为马腿不同，喀戎下身的前腿是人腿模样，唯有两条后腿还保留着马腿的样子。在保存至今的一些古希腊关于喀戎的瓶画上，那些画家甚至为喀戎的前身穿上了人类的衣服，如果从前方看，喀戎的身形与人类无异。此外，喀戎还有着无可比拟的战斗和狩猎技能，色诺芬在《狩猎术》（*Cynegeticus*）中曾比较详细地记述了喀戎卓越的才能：

    诸神自己认为捕猎和猎犬的守护神分别是太阳神阿波罗和狩猎女神阿尔忒弥斯。作为对其正直的奖赏，他们将这些能力赋予了人马喀戎，喀戎获得了这些能力，欣喜万分，并将这些能力善加利用。他膝下有诸多弟子，喀戎教会了他们狩猎和骑术的奥秘——看看吧，这些弟子有刻法罗斯（Cephalus）、阿斯克勒庇俄斯（Asclepius）、梅拉尼翁（Melanion）、内斯特（Nestor）、安菲阿拉俄斯（Amphiaraus）、佩琉斯（Peleus）、忒拉蒙（Telamon）、梅列阿格洛斯（Meleager）、忒修斯（Theseus）、希波吕忒斯（Hippolytus）、帕拉美迪斯（Palamedes）、奥德修斯（Odysseus）、墨涅拉俄斯（Menestheus）、狄奥墨得斯（Diomed）、喀斯特（Castor）、波吕丢刻斯（Polydueces）、马卡昂（Machaon）、波达勒里奥斯（Podaleirius）、安提洛科斯（Antilochus）、埃涅阿斯（Aeneas）、阿喀琉斯（Achilles）：他们每一位都获得了诸神的荣耀。①

---

① Xenophon, *Cynegeticus: On Hunting with Dogs*. New York: Create Space Independent Publishing Platform, 2017, 1.

同样,在品达的《皮提亚颂》(*Pythian Odes*)中,正直的人马喀戎不仅拥有狩猎和马术的能力,还懂得音乐、医学,甚至占卜等技能。由此可见,人马喀戎在整个人类英雄的成长和人类城邦社会的奠定中有着不小的作用。因为,人类在世界上生存的主要技能,如狩猎、马术、射箭、医学等,都是喀戎从神灵那里获得,并传授给人类的。荷马在《伊利亚特》中,也特意提到阿喀琉斯、波达勒里奥斯、马卡昂不仅从喀戎那里习得了箭术和马术,也习得了医术:"从腿股里拔出箭矢,用热水把黑血清洗,再给伤口敷上上好的缓解药膏,据说阿喀琉斯曾教你如何调制,他自己是受到最正直的人马喀戎的指点。至于我们的医生波达勒里奥斯和马卡昂,一个也已受伤躺在自己的营帐里,正需要最好的医生给他施于妙技,另一个正在平原上同特洛伊人激战。"①在这个意义上,喀戎对于人类的价值,不亚于盗火的普罗米修斯。也就是说,在喀戎身上,存在一种类似于神的成分,他拥有只有神灵才拥有的无上技能,在狩猎、马术、箭术、医学等方面,无人能与之媲美,而他所培养的那些人类英雄,也是整个古希腊社会中最强大也最富有代表性的英雄。这样,我们完全可以认为,喀戎是一个比人更富有人性的存在物,尽管他有一个马的身体。也正是他的技术和能力,让他可以居于人的世界和神的

---

① 荷马,《伊利亚特》,罗念生译,北京:人民文学出版社 1994 年版,第 290 页。

世界之间。

然而，色诺芬在《狩猎术》中也提到了这样一个事实，即"宙斯与喀戎是兄弟，他们同父异母——宙斯是瑞亚（Rhea）的孩子，而喀戎则是一个宁芙娜依斯（Naïs）的孩子"。[①] 对于瑞亚，熟悉希腊神话的人并不会感到陌生，她是十二泰坦神之一，是大地之母该亚和乌拉诺斯的女儿，也是宙斯之父克洛诺斯的姐姐。这样，宙斯保持着从该亚、乌拉诺斯到克洛诺斯的尊贵血统。而作为一个宁芙的孩子，喀戎甚至不能享受奥林匹斯众神的荣耀，他只能流落世间，住在皮利翁山（Pelion）的洞穴里，成为诸人类英雄的导师。对于宁芙，阿甘本曾经做过比较详细的研究。从中世纪著名的炼金术师帕拉塞尔苏斯的记述来看，阿甘本认为，宁芙并不是人类，在存在的范畴中，它低于人类。相对于人类，宁芙并没有魂魄，"与其他造物不同的是，宁芙的特殊性在于，如果它们与一个男人交媾并生下这个男人的孩子，便可以获得魂魄"。[②] 作为一种造物，宁芙如果想要获得自己的生命的话，必须要与人类进行交媾，也就是说，在那之后，宁芙才能具有人的属性。而在与男性交媾之前，宁芙更近似于动物。古希腊神话中塞壬女妖的形象，实际上就是宁芙的一种化身，它们需要从男

[①] Xenophon, *Cynegeticus: On Hunting with Dogs*. New York: Create Space Independent Publishing Platform, 2017, 1.

[②] 阿甘本，《宁芙》，蓝江译，重庆：重庆大学出版社 2016 年版，第 60 页。

性水手中俘获魂魄，来让它们获得瞬间的生命。在喀戎这里，显然宁芙娜依斯与乌拉诺斯的交合，让娜依斯获得了魂魄，但是也同时赋予了喀戎一种宁芙天生所具有的动物性。图拉真时期的历史学家亚历山大的托勒马乌斯（Ptolemaeus of Alexandria）在他的《新历史》（*New History*）中曾提出，人马喀戎在性格上近似于酒神狄奥尼索斯，尽管喀戎在性格上已经格外温驯和纯良，但他在一些时候仍然会暴露出狂欢和情欲的本性。

因此，无论是在古希腊神话中，还是在后世，尤其是中世纪的解释中，人马喀戎都是一个极为复杂的形象。从分类学上来说，喀戎不属于神灵、人类或动物。尤其是到中世纪之后，人们更愿意相信喀戎高于人类，与其他充满兽性的人马和人身羊腿的怪物萨蒂尔（Satyr）有着根本的区别。但是，由于与狄奥尼索斯的亲缘关系，喀戎会在沉醉于美酒时暴露出其人马的动物本性，他那不受约束的强壮和欲望会在狄奥尼索斯式的沉默中散发出来。后世两本关于喀戎与英雄阿喀琉斯之间关系的著作——托名赫西俄德的著作《喀戎训诫》（*Precepts of Chiron*）和斯塔提乌斯的《阿喀琉斯纪》（*Achilleid*）——所描绘的喀戎形象都是断裂的。他在许多时候表现得更近似于人，但是这些作品在描述喀戎性格的时候，为了将他与一般的人（尤其与阿喀琉斯）区别开来，也不得不略微强调一下喀戎那残余的动物本性。喀戎的存在论是断裂的，他处在一个门槛地带，并没有一个可以固定下来的身份，处在人与动物之间的一个灰色地带。他可以穿着人类的服饰，前腿也和人腿完全一样，他所拥有的技能是一种让人可以在世界上生存的技能。然而他的两条马后腿、宁芙身份的母亲，以及狄奥尼索斯迷醉之后本性的敞露，无疑都说明古希腊和中世纪作者在面对喀戎的角色时，实际上将他排除在人类的范畴之外，他只能作为一种杂糅了动物性和人性的怪物而存在于神话的叙事当中。

我们或许可以将喀戎的神话传说看成对人的一种隐喻。喀戎是人类英雄的导师，同时也正是这些人类英雄创造了古希腊的人类城邦。换言之，我们可以理解为，喀戎不仅仅将生存的技能教给了人类，也将他动物性和人性杂糅的生命模式传递给了人类。这样，我们每一个人都以喀戎的方式存在着。一方面，我们努力地掌握各种超越现存状态的技能（狩猎、马术、箭术、医学、占卜，等等），这样的生存技能实际上并不是指向人性，而是指向神性，因为喀戎的这些技能直接来自太阳神阿波罗和狩猎女神阿尔忒弥斯。另一方面，喀戎试图在他的长袍下隐藏的马腿始终会暴露出来，狂暴、血性、情欲等动物本性在酒神迷醉的状态下会得到宣泄。这样，喀戎代表的是一种不定的中间状态，向上指向超越的神性，而向下是沉浸于物质世界的动物性的后腿。我们何尝不是如此呢？我们学习技能，不仅仅是为了成为人，更重要的是超越一般的人，指向一种卓越性，这就是一种尼采意义上的超人。在这个意义上，喀戎教给我们的生存技能恰恰不是适应于自然世界的简单的维生技能，实质上，喀戎的技能就是超越现存世界状态、筑造一个全新世界的技能。倘若不掌握这些技能，我们动物性的后腿就会暴露出来，陷入一种动物性的虫人状态。

喀戎的隐喻实际上指出了人在分类学上的一个十分尴尬的境地。人实际上不存在一种实质性的界定，他是位于绝对超越的神性和绝对世俗的动物性之间的第三项。在基督教的设定中，亚当和夏娃被逐出伊甸园之后，丧失了与上帝类似的绝对的超越性特征，但是由于食用了智慧果，他们不能与大地上的动物为伍。人的存在，实际上就是动物性与神性的过渡，所谓的人性，就是神的超越性在我们身体上的映射，一种筑造世界、指向一个尚未存在的虚无的潜能。这样，人与动物的区分，实际上并非在人与动物之间划界，这道界限并不在人与动物之间，并不在人之外，而是在人的内部，即人自身中人性（或超越性）与动物性之间的区分。因此，当代意大利思想家吉奥乔·阿甘本（Giorgio Agamben）在《敞开》一书中所追问的问题就变得十分关键："如果人与动物的区分首先是在人之内的区分,那么必须用一种新的方式提出对人的追问……我们必须将人视为两种元素不协调的结果,对人的研究不是两种元素在形而上学上结合的奥秘,相反,应该是两种元素在实践上和政治上彼此分离的奥秘。如果人总处在不停地分裂和区分的位置上——同时也是分裂和区分的结果——那么人是什么?更为迫切的工作是研究一下这个区分,追问一下以何种方式——在人之中——人被分成人与非人,分成动物与人,而不是采用一个大问题的立场,追问所谓的人权和价值是什么。或许在某种意义上,我们同神的关系最光彩夺目的区域,依赖于我们与动物相区分的更黑暗的区域。"①这样,人与动物的区分从分类学上的区分变成了人内部的区分,人没有了可以直接与动物区别开来的本质(essentia),而是处在一个不断生成变化的动态过程当中,即为了与动物相异,人必须努力地超越性地创造一个界限,将自己在分类学上架构为人。这个架构并非一劳永逸的,无论是理性、语言还是身体,都不足以为人在自己的生命运动中创造出足够的标准,来拉开与动物的距离。相反,正是这种努力本身,才能让人获得在世俗的动物性和超越的神性之间泅渡的可能。这势必意味着,我们在不同的时代,需要不断

---

① 吉奥乔·阿甘本,《敞开:人与动物》,蓝江译,南京:南京大学出版社 2019 年版,第 20 页。

地去营造位于人之内的这种区分,去架构一种人类机制,让人可以表现出自己的超越性。这同时也意味着,由于我们始终需要在新的时代背景下重新架构人与动物的内在区分,我们也必然不断地去敞开一个新的世界,就如同喀戎帮助人类英雄所缔造的城邦世界一样。

二

在整个人与动物的区分问题上,笛卡尔是一个重要的分水岭。在笛卡尔看来,动物是没有任何智慧和直觉的,相反,动物不过是一部自动机器(automata mechanica),它们只拥有身体上的自动性。在《谈谈方法》中,笛卡尔谈道:"即便某些动物经过证明的确在某些行为上比人更加有能力,我们会明白,同样是这些动物,在其他行为上却无能为力:通过这种方式来证明某些动物比我们更强,并不能说明它们拥有智慧,因为如果它们比我们更有智慧,应该在所有事情上都胜过我们,相反,这恰恰证明了动物完全没有智慧,它们只懂得依照自然本性来活动。"①与之前其他坚持人与动物区分的思想家相比,笛卡尔坚决否定了动物拥有直观的本能,相反,动

---

① Descartes, *Discours de la méthode*. Paris: Flammarion, 1992, 63.

物所有的行为纯粹是身体性的机械反应,而没有任何心灵的操作。也正因如此,后来的西蒙东(Simondon)认为笛卡尔是第一个抛弃心灵因素,从纯粹身体性的角度来解释动物的思想家:"笛卡尔学说就是一种生理上的机械论,这仅仅是一种存在物在身体上、在属性上、在运动上的机械论,毫无灵魂和直觉。……笛卡尔是第一个说动物行为没有直觉的人。动物的行为不是直觉行为,而是机械行为。"[①]后来的马勒布朗士(Malebranche)神父更加激进地将笛卡尔的学说(动物无心灵和直觉,只有机械运动)发展到极致,他不仅否定了动物具有直观,而且也否定了动物拥有任何感情,这种模式长期以来主导着医学、生物学,尤其是解剖学的研究。

问题在于,笛卡尔式的建构人与动物区别的方式,即完全否定动物具有任何内在心灵活动,是否真的解决了长期以来困扰着西方思想史的人与动物的关系问题?是否能够在人自身内部,让人彻底摆脱令人烦恼的动物性的纠缠?答案显然没有这么简单。在这个问题上,瑞典生物学家,也是现代科学分类学的奠基人卡尔·林奈(Carl Linnaeus)成了笛卡尔的对手。1735 年,林奈出版了著名的《自然体系》(*Systema naturae*)一书,与笛卡尔那种对动物的妄测不同,林奈

---

① Gibert Simondon, *Two Lessons on Animal and Man*, trans. Drew S. Burk. Minneapolis: Univocal Publishing, 2011, 73.

在瑞典的乌普萨拉建立了自己的动物园,收集了大量珍稀动物,并从经验层面提出了自己对动物学分类的态度。在《自然体系》中,林奈奚落了笛卡尔:"可以肯定,笛卡尔从未见过猿。"①因为在林奈看来,高级的灵长目动物绝对不能用没有心灵的自动机器的方式来解释,不仅猿猴如此,许多大型哺乳动物实际上都不符合笛卡尔的解释模式。尽管这并不一定能证明动物比人更为优秀,但动物,尤其是灵长目动物,或许与人的差距并没有那么大。在《自然体系》中,林奈坚决将人类归为灵长目的序列,不仅如此,他还将人所属的人形动物科(Anthropomorpha)与猴科、狐猴科等并列于灵长目之下。这是一个极富争议的举措。在一定意义上,人形动物的概念要大于我们现在所说的人的概念。因为在这个科之下,实际上还存在着一些灰色地带,一种衔接类人猿与猿人的过渡地带。后来爱德华·泰森(Edward Tyson)谈到的俾格米人就是用来填补这个真空地带的类别。

与笛卡尔绝对断裂性的人与动物的区别不同,林奈坚持了动物在物种延续上的连贯性,在这一点上,林奈的确与后来的达尔文有近似的地方,尽管林奈没有能力来补充完整这个物种演进的链条。不过,引起阿甘本关心的是,林奈并没

①　转引自吉奥乔·阿甘本,《敞开:人与动物》,蓝江译,南京:南京大学出版社2019年版,第28页。

有坚持从生物学或者生理特征上来区分猿猴与人,而这个区别恰恰是区分人与动物的关键。阿甘本细心地看到,林奈的天才在于他使用了著名的德尔菲神庙上那句箴言,也就是苏格拉底曾经引述过的"认识你自己",作为人之为人的标准。林奈的标准与笛卡尔的"理性"标准有着很大的区别,换句话说,林奈的标准根本不在于客观的身体或生理层面,人之所以为人,恰恰在于人的内部,即人可以将自己视为一个人。在这个意义上,我们可以看到林奈式的标准所产生的形而上的后果。首先,一个人形动物即便具有了人类的外表,他仍然不是一个人,他仅仅是"像人"的动物。所以阿甘本说:"在构成上,人就是'人形'动物……为了成为人,人必须在非人当中辨出自己。"[1]这样,人之所以为人,从一个固定的客观标准(即生物学标准)变成了一个主观过程,即一旦人形动物在自己的活动中具有了将自己认识为人的能力,他就可以成为人。

我们在这里看到了林奈的标准和喀戎的神话之间的衔接。如果说,在林奈那里,生理性的身体不足以让人类与动物区分开来,就如同喀戎天生带有马的后腿,那么喀戎的狩猎技能、正直而文雅的为人处世的风格,甚至为自己的前躯

---

[1]　吉奥乔·阿甘本,《敞开:人与动物》,蓝江译,南京:南京大学出版社 2019 年版,第 33—34 页。

体穿上了人类的外衣，实际上就是喀戎将自己认识为人的过程。也正是这个将自己认识为人的过程，让赫拉克勒斯、阿喀琉斯、佩琉斯等希腊英雄，以及斯塔提乌斯、品达和奥维德等记述喀戎传奇的作者将他与其他人马（尽管喀戎在生理上更近于人马）区别开来。同样，亚当和夏娃在蛇的诱惑下吞食了智慧果之后，知道用树叶来遮蔽自己的身体时，他们也认识到自己是一种不同于伊甸园中其他动植物的存在物，也正因为他们将自己认识为人，才被上帝逐出伊甸园。在好莱坞经典电影《猩球崛起》中，那只叫作凯撒的黑猩猩不再将自己视为卑微的动物，而是将自己视为与人类平起平坐的智慧动物时，实际上已经将自己上升为一种"人"的存在，尽管它的外表仍然是一只黑猩猩。在 HBO 的电视剧《西部世界》里，那些被人制造出来的人工智能机器人，实际上也处在被程序操纵和"认识你自己"的边缘地带，一旦这道界限被跨越，那些完全不具有人类生理特征的物质性结构也将具备把自己上升为人的能力。

林奈的认识论导致的一个激进结果是，人在一个连续性的链条中，并没有足够的能力将自己从生物学上独立出来。这需要人类从内部建构一个机制，来保护自己作为人类的边界。阿甘本将这个机制称为人类机制（Anthropological Machine）。因为在这个机制中，人才有能力将自己认识为人。

三

对于海德格尔关于动物的"贫乏世界"(Weltarmut)和人的"筑造世界"(Weltbildend)之间的区分,如果我们从林奈的角度来理解也会变得十分有意思。在 1929—1930 年的冬季课程中,海德格尔以"形而上学的基本概念"为题谈到了动物和人的区分。他在德国生物学家雅各布·冯·尤克斯考尔①的生态圈(Umwelt)②概念的影响下,提出了自己的思考。尤克斯考尔的生态圈概念,非常不同于一般意义上的环境,因为在尤克斯考尔那里,一个生物并不是毫无区分地与周遭一切事物发生关联。尤克斯考尔提出:"我们要研究的生物的生态圈,仅仅是我们看到动物周围的环境的一小块,我们所看到的那些东西,只是我们自己的生态圈,即人的生态圈。生态圈研究的首要任务在于寻找动物能感知的符号,他们通

---

① 雅各布·冯·尤克斯考尔(Jakob von Uexküll, 1864—1944),德国生物学家,主要研究领域是动物行为和生命控制论。不过他最著名的贡献是创造了生态圈的概念,这个词也被海德格尔和德勒兹所使用。他同时也是生物符号学的创始人之一。

② "生态圈"一词,在海德格尔《存在与时间》的中译本中,基于海德格尔的语境,被翻译为"周遭世界",这个翻译并没有任何错误。不过在本文中,为了强调海德格尔与尤克斯考尔之间的关联,该词被译为"生态圈"。

过这些符号,来构筑动物的生态圈。"①尤克斯考尔的意思是,无论是人类还是其他动物,都用自己的行为和活动来与周围的世界发生关系,所有类型的动物都能感受到环境中的一些符号或去抑因子(das Enthemmende),从这里构筑了自己的生态圈。这样,尤克斯考尔在生态圈与环境(Umgebung)上的思考会变得十分有意义,如果我们将环境理解为我们周围所有存在着的事物组合而成的总体,尽管这样的总体存在,但对于其中具体的生物而言,并不具有意义。生物总是在自己的活动中,将自己在环境中所能接触到的事物理解为一个去抑因子或符号,在这个意义上,生物所能触及的对象便成为它们意义的载体。尤克斯考尔说:"通过这种方式,所有生物的行为赋予了它们触及的无意义的对象以意义,因而在所有的环境中,将这些对象组合成了与主体相关的有意义的载体。"②于是,这些有意义的载体构成了一个封闭的循环(closed cycle),而活动中的生物是这个循环的中心,我们可以说,这个封闭的循环就是该生物的生态圈或周遭环境。由此可见,生态圈和环境的区别正是在于生态圈是与活动着的生物相关,并被生物赋予了意义而构成的封闭循环,而真正

---

① Jakob Von Uexküll, *A Foray into the Worlds of Animals and Humans*, trans. Joseph D. O'Neil. Minneapolis: University of Minnesota Press, 2010, 53

② Jakob Von Uexküll, *A Foray into the Worlds of Animals and Humans*, trans. Joseph D. O'Neil. Minneapolis: University of Minnesota Press, 2010, 145.

的环境是开放的、敞开的，在那里没有循环，也没有任何被生物所赋予的意义。

尤克斯考尔的生态圈思想启发了包括海德格尔在内的许多思想家。除了海德格尔之外，另一个迷恋尤克斯考尔生态圈思想的哲学家是德勒兹。在他与加塔利合著的《千高原》的导论中，他在谈到解域运动（deterritorialisation）和再结域运动（reterritorialisation）时所举的黄蜂和兰花的例子，就明显带有尤克斯考尔的痕迹：

> 兰花解域而形成一个形象，一个黄蜂的仿图；然而，黄蜂在这个形象之上再结域。但黄蜂也被解域，其自身变为兰花的繁殖器官的一个部分，然而，通过传播其花粉，它使兰花再结域。兰花和黄蜂——作为异质性的要素——形成了根茎。人们会说，兰花模仿着黄蜂，它以一种示意的方式再现了后者的形象（模仿、拟态、伪装，等等）。然而，这仅仅在层的等级上才是真的——两个层之间形成的平行关系，一方之中的某种植物的组织结构模仿着另一方之中的某种动物的组织结构。同时，它还牵涉到另外的事物：不再是模仿，而是代码的捕获，代码的增殖（剩余价值），价的增长，真正的生成，兰花的生成黄蜂，黄蜂的生成—兰花，每一种生成都确保了其中

一方的解域和另一方的再结域，两种生成在一种强度的流通之中相互关联，彼此承继，而此种流通则总是将解域推进得更远。①

　　尽管德勒兹和加塔利所批判的对象是树状的分类结构，但林奈的分类法也在他们的炮火之下。不过，德勒兹和加塔利是从尤克斯考尔的立场来对林奈式的生物分类学进行批判的，因为在林奈的体系中，植物体系和动物体系是不相干的两个体系，兰花与黄蜂之间很难发生关系。不过在尤克斯考尔的生态圈之中，重要的不是分类学，而是对于兰花和黄蜂来说，它们各自产生的意义的载体是什么。在面对兰花的时候，黄蜂解域了自己作为动物的界限，从而成为兰花传播花粉的工具，在兰花的生态圈里，黄蜂不是作为动物出现的，而是作为生态圈里有意义的载体出现的。兰花亦是如此，兰花以其花粉的功用进入黄蜂的生态圈。尽管德勒兹和加塔利在这里并未使用生态圈一词，但他们已经指出，兰花和黄蜂处在一个平行关系的层当中，而这个"层"的概念，我们完全可以理解为对尤克斯考尔的生态圈概念的转译。

　　相对于林奈的"认识你自己"的内在分类学，尤克斯考尔

　　①　德勒兹、加塔利，《资本主义与精神分裂(卷2)：千高原》，姜宇辉译，上海：上海书店出版社2010年版，第11页。

更深入地揭示了人与动物关系的架构。首先，尤克斯考尔并不是孤立地来思考某个独体生物，生物不可能独自生存，每个生物也不是直接去面对赤裸裸的世界。相反，它们通过自己的行为（如黄蜂的采蜜和兰花的传播花粉）来建构自己的生态圈，从而将自己与无意义的世界隔绝开来。这样，林奈意义上的人类机制实际上也是一种隔绝机制，即人在自己的日常行为中，通过对一个意义载体环境的建构，将自身与外在无意义的世界隔绝开来。在彼得·斯洛特戴克（Peter Sloterdijk）那里，这个隔绝的生态圈被称为气泡（Blasen），这个气泡正是各个物种用来建造自己特殊世界的保护层。

也正是在这里，海德格尔切入了自己的判断。尽管人与动物都在世界上构筑自己的生态圈，但是相对于人，动物更沉浸于（eingenommen）其中，而动物与自己的生态圈的关系是一种沉浸关系（Benommenheit），这种沉浸关系的生态圈说明了动物世界的贫乏。海德格尔说：

> 行为只是在动物的自在沉浸基础上才可能的一般性的存在方式。我们应当把**动物特有的依其自身**（essere-presso-di sé）的存在界定为沉浸，这种存在与人的自我（Selbstheit）毫无关系，在动物的自在沉浸中，它所有的行为都是可能的。只有沉浸在自己的本质当中，动物才

能行为……沉浸是如下事实的条件：根据动物的本质，**动物只能在一个环境，而不是在一个世界中行为**(in einer Umgebung sich benimmt, aber nie in einer Welt)。[①]

海德格尔这里强调的环境与世界的区分，实际上就是尤克斯考尔的生态圈和环境的区分。动物无法真正把握自己的生态圈，它只能浸淫在生态圈的蜜汁当中，不能自拔。相反，任何与这个生态圈相悖的物质和存在物都在生态圈中遭到抑制。也就是说，生态圈或者周遭环境向动物封闭了通向真正的外在世界的可能，它们只能蜷缩在这个由它们自己有意义的载体所构成的封闭循环里享受最自然的事实。用林奈的话说，它们无法在这个封闭的循环中认识自己，因此它们无法过渡到人类机制，无法成为另一只黑猩猩凯撒。

那么相对于动物，人类的命运，即那种"认识自己"的使命，具有了更为特殊的意义。"认识自己"是一种可以打开自己封闭循环的生态圈的能力，即敞开。或许，这就是阿甘本撰写《敞开：人与动物》一书的目的所在吧！因为人与动物的区别正是敞开，敞开即打开那个被有意义的载体或去抑因子

---

① Martin Heidegger, *The Fundamental Concepts of Metaphysics: World*, *Finitude*, *Solitude*, trans. William McNeill and Nicholas Walker. Bloomington: Indiana University Press, 1995, 238 - 239.

所封闭的世界。动物看不到那个生态圈之外的世界，所以它们的世界是贫乏的；人，只有真正意义上的人，才能敞开自己，面对那原初没有被意义化的世界。在这里，阿甘本欣然引用了里尔克《杜伊诺哀歌》的第八首哀歌：

> 造物的目光专注于敞开，唯有我们的目光似乎已经颠倒，像设置的陷阱包围它们，紧紧包围着它们自由的起点。我们知道，动物们看不到那外部实在的世界，我们让年轻的孩子转身，让他们看到那些对象，那不是敞开，而它深深地印在动物们的脸上。①

四

现在，在走向最后的激进生命之前，我们可以总结一下关于人与动物的区分的几个结论，而这些结论是破除当代思想藩篱、实现人类解放的前提：

（1）人与动物的区分并不在人与动物之间，不在人之外。实际上人本身就如同喀戎，位于超越性的神灵和世俗性的动

---

① Rilke, *The Duino Elegies and Sonnets to Orpheus*, trans. Stephen Mitchell. New York: Vintage, 2009, 49.

物之间,人的身体同时镌刻着超越性的潜能和动物性的沉浸。因此,真正的区分是人自身之中超越性和动物性的区分,而这种区分并不是恒定的,在不同的时代,这个区分需要重新架构。

(2)林奈开创的现代生物学分类法告诉我们,不可能从纯粹的生物学上将人与动物彻底分开。与其说人与动物的区分是一种外在客观的生理上的区分,不如说这种区分正在于人自身内部。也就是说,人只有通过"认识自己"的人类机制,才能在人与动物之间制造一道界限。也正是这道界限,在人形动物与真正的人之间设置了一道无法跨越的鸿沟。

(3)按照尤克斯考尔的说法,相对于没有世界而言的纯物质,动物和人都拥有自己的生态圈。但是与人不同的是,动物只能沉浸在自己的生态圈里,它们不会追问每一个符号和去抑因子为什么如此起作用,更不能从总体上把握生态圈的存在,将它揭示为一种存在物。相反,人悬置了生态圈里去抑因子的功能,从而将封闭的周遭世界或生态圈揭示为敞开状态,也正是在这种敞开中——正如里尔克的第八首哀歌里所颂的那样——从"自由的起点"通向"外部实在的世界"。

这样,我们就可以理解,相对于动物的沉浸于生态圈,人对于自己的周遭世界的态度,是海德格尔的无聊(Langweilen)。在《形而上学的基本概念》中,海德格尔写道,在无聊的形式中出现的空洞状态,是此在被抛给在整体中被拒绝的存在物的状态。①

在海德格尔那里,无聊的存在论结构意味着此在不愿意囿于"在之中"的先定给予的周遭环境,不愿意沉沦于其中,因为沉沦于其中,意味着此在的动物化,只有无聊,才能将此在的存在论命题展现出来。在这个意义上,烦意味着去存在,需要在周遭环境中被遮蔽的状态下寻找一片无蔽(alētheia)的天空。不过,无蔽状态并不是一种安然享乐的状况,尽管它为我们开辟了一片新的天空,但同时也是一个我们日常通俗的意义所无法通行的地方。因此,在1929—1930年的讲座中,海德格尔强调说:

> 存在物在总体上并未消失,而毋宁是**像这样完全无关地展现自己**。在这里与之对应,**空在总体上无差分地**囊括了存在物……这意味着,在总体上的存在物前,此在发现自己,由于无聊,处在一个位置上,在某种程度上,在无聊的形式下,包裹着我们的存在物没有为我们提供进一步行动的可能性,也没有给我们任何让其他东

① Martin Heidegger, *The Fundamental Concepts of Metaphysics: World, Finitude, Solitude*, trans. William McNeill and Nicholas Walker. Bloomington: Indiana University Press, 1995, 139.

西行动的可能性。它们自己拒绝了在总体上与那种可能性相关联。它们拒绝与此在相关联,这样,在总体上的存在物当中,此在面对它们展示自己——面对它们,面对拒绝它们自己的总体上的存在物——如果真的要成为其所是的话,此在必须面对它们而展示自己。于是,此在发现自己被移交给那些在总体上拒绝它们自己的存在物(Das Dasein findet sich so ausgeliefert an das sich im Ganzen versagende Seinende)。①

是的,在无蔽状态下的总体存在物,无论我们之前是否注意到它们,都在总体上与我们毫无关系。由于我们的意义无法贯穿它们,于是此在发现自己被移交给了"在总体上拒绝它们自己的存在物",一个处于无蔽状态下无法简单被此在所把握的存在物。这就是深度之无聊,也就是一种远离了生态圈那熟悉的故土,在游牧状态下敞开的此在。在这个无蔽状态下,没有故土,没有任何指引,没有任何既有的经验充当我们前进的参照,唯一具有的就是这种"深度之无聊",一种面对从未见过的世界的立场和态度。

一切熟悉的东西都烟消云散了,在《什么是形而上学?》

----

① Martin Heidegger, *The Fundamental Concepts of Metaphysics: World, Finitude, Solitude*, trans. William McNeill and Nicholas Walker. Bloomington: Indiana University Press, 1995, 138–139.

一文中，海德格尔用另一种方式阐述了这种深度之烦，即"此在意味着：被悬置在虚无之中"。[①] 是的，真正的激进态度，就是这种虚无的黑夜，在没有光亮贯穿的地方，让自己的生命可以在那里矗立，而不是让自己的生命蜷缩在生态圈的安乐窝，浑浑噩噩地沉浸式度过。真正的激进生命，意味着去远征，去敞开，悬置我们周围熟悉的符号和功能，就如色诺芬在《长征记》（*Anabasis*）中记述的那样，迷失在波斯境内由色诺芬率领的远征军在来回逡巡中，寻找一条不曾有过的道路。也正是在这个意义上，阿甘本将其视为最激进生命的敞开："从一开始，存在就被虚无所贯穿，光亮（Lichtung）即是原初的毁灭（Nichtung），因为唯有通过对生物与其去抑因子的关系的中断和破坏，世界才会向人类敞开。"[②]

实际上，德勒兹和加塔利将这种深度之烦的激进生命的态度称为"游牧"，也是一种"少数人"（mineure）的文学。德勒兹和加塔利笔下的卡夫卡，正是这种在原初遭到毁灭处的光亮下游牧的少数人。德勒兹和加塔利说，少数人一词"已经不适于作为某种文学的修辞语，而是指任何在通常被称为

[①] Martin Heidegger, "What Is Metaphysics?" trans. David Farrell Krell, in *Pathmarks*, ed. William McNeill. Cambridge: Cambridge University Press, 1998, 91.

[②] 吉奥乔·阿甘本，《敞开：人与动物》，蓝江译，南京：南京大学出版社 2019 年版，第 85 页。

重大的(或业已确立的)文学的内部产生文学革命的条件"。①
少数人的敞开,在德勒兹和加塔利那里,在阿甘本那里,以及
在巴迪欧、齐泽克那里,就是一种革命。少数人的游牧或者
深度之烦,悬置了那熟悉的生态圈,让被遮蔽的世界可以敞
开,在一个熟悉的但没有光亮的地方游牧,在虚无的黑暗中
远征,这就是激进生命的使命,也是喀戎的狩猎技能的潜能
所在。因为喀戎的狩猎从来不是让人们沉浸在固有的世界
中享受着安逸生活的节奏,相反,正如色诺芬的《狩猎术》中
介绍的那样,狩猎的根本在于与自然世界的搏斗,在危机重
重且阴云密布的大地上杀出条血路。

　　不过,我们同时要注意的是,德勒兹和加塔利笔下的卡
夫卡,或者"少数人"的文学,也并非一种人的文学。我们依
稀记得,在卡夫卡《变形记》中,变成甲虫的格里高尔没有人
理会,没有人关心。《变形记》中的格里高尔就是一种"少数
人"的激进生命的形象,但是,这个形象也意味着,一种在敞
开中游牧的"少数人"的生命,也丧失了先天给定的人的外
形。我们甚至可以这样来理解,真正意义上的深度之烦或游
牧是非人的(inhumain)或超人的(ex-humain),这种生成的
生命就是一种生成—怪物,一种不能被寻常人接受的怪物。

――――――――

　　①　德勒兹、迦塔利,《卡夫卡――为弱势文学而作》,收录于德勒兹、迦塔利,
《什么是哲学?》,张祖建译,长沙:湖南文艺出版社 2007 年版,第 38 页。

实际上,在海德格尔和阿甘本那里,既定的身体也是"在之中",成为人也意味着从身体上超越这个"在之中",同样,超越身体"在之中"意味着人的怪物化。克拉里(Crary)在《24/7:晚期资本主义与睡眠的终结》中提到将可以长期不睡眠的白冠雀的生理机能,经过现代生命科技的手段,用于制造一种无眠战士。当然,还有可能诞生无眠的工人和无眠的消费者,相对于我们现在还必须坚持每天睡眠的人来说,这些无眠的战士、工人、消费者,难道不就是变形的怪物吗?

游牧和激进生命正在将那种伪善而古老的人本主义打回原形。那些滥情的人本主义固守的是一个僵化的人的边界,他们从来不知道,从古至今,这个边界被来回挪移过多少次。所有装扮成人本主义的道貌岸然的捐客都堕落为最腐臭的保守主义的同路人,他们固守的是一道根本不存在的长城,在他们捍卫的另一侧,都是被人本主义蔑视为非人或怪物的存在。在这个意义上,我们从人本主义走向后人学(post-humanism)或者说走出人类世(Anthropocene)的契机正在于此。后人学和走出人类世并不代表着人类的彻底消亡,或者异于人类的种族开始奴役人类,就像好莱坞科幻片的情节一样。并非如此,后人学的根本意蕴在于,必须走出人本主义位置设定的藩篱,走出在本质上遮蔽了他们视野的生命政治的逻辑,在他们认定为非人和怪兽的地方,重新竖立起

"人"的旗帜。我们或许可以用英国马克思主义科幻小说家柴纳·米耶维(China Mieville)的一句话来概括：

> 迄今为止的既存社会的历史都是怪兽的历史……我们已经看到了真实的怪兽，怪兽就是我们，这种看法既不是救赎，也不是聪慧，也没有趣味，更不是真实。这是对怪兽的背叛，也是对人性的背叛。[①]

众所周知，阿甘本的著作以博通古今而著称。在他的著作里，所涉及的人物，从古希腊的柏拉图、亚里士多德，到希腊化时期的斯多葛学派和教父，到中世纪的神学，直至20世纪的海德格尔、本雅明、福柯。他所跨越的学科很多，除了神学和哲学之外，也经常会涉猎语言学、人类学、生物学、神话学，甚至星相学。他经常在文章中穿插古希腊文、拉丁文、希伯来文、梵文等语言。翻译他的著作，对于译者来说是不小的挑战。在翻译《敞开》这本小书之前，我已经尝试着翻译了他的《语言的圣礼》《宁芙》《王国与荣耀》等著作。面对他广博的知识和深刻的见地，我作为一个译者，感到自己浅薄的知识和贫瘠的语言不足以驾驭他文本中所绽露出来的思想

---

① China Mieville, "Theses on Monsters," *Conjunction*, vol. 59, 2012 (3), Fall.

的力度，每写下一段译文，都感觉捉襟见肘，不足以穷尽这位思想大师的魅力。所以，我所做的仅仅是很表层的工作，用我所能把握的语言，尽可能在大家能理解的层面上，让他的思想光辉通过这些文字折射出来。

本书的译稿先后得到了华东师范大学王德志先生和南京大学出版社顾舜若编辑的审阅，他们给出了很多宝贵意见。对于这些意见，我绝大多数都纳入译文之中，这些意见也让我自己受益良多，在此我向两位表示由衷的感谢！最后，由于译者才疏学浅，译文中难免出现疏漏，这些疏漏完全是我自己的原因，在此，请各位方家海涵。

蓝 江

2018 年于南京仙林

目 录

如果动物不存在,那么人的本质将更难以理解。

　　　　　　　　　　　　——乔治-路易·布冯

　　不过人们需要它们,需要从它们的本质中得出实验性的知识。

　　　　　　　　　　　　——托马斯·阿奎那

一、兽形

在那一天的最后三个小时里，上帝坐了下来，与利维坦戏耍，正如记载所云："汝造利维坦，为戏之尔。"

——《塔木德·异教篇》

意大利米兰安布罗西尼图书馆馆藏，13世纪希伯来文圣经插画：《以西结书》配图，起源的三个动物，义人的弥赛亚筵席

在米兰的安布罗西尼图书馆里，一本13世纪的希伯来文圣经中有一些十分珍贵的插画。第三法典的最后两页完全在说明秘传和弥赛亚精神。135v页所绘制的是《以西结书》的场景，但并未画出战车。其中心是七天国、日月星辰，

四周以蓝色背景为底色,画着四个末世动物:公鸡、雄鹰、公牛、雄狮。最后一页(136r)分成了两半。上半部分画着三个远古动物:巨鸟栖枝(Ziz,它是一只飞行的狮鹫)、公牛比蒙(Behemoth)、大鱼利维坦(它深入大海,蜷曲着身体)。我们尤为感兴趣的是画面的另一半,因为它既推出了法典,也推出了人类的历史。它代表着最后一日义人们的弥赛亚的筵席。在天堂之树的树荫下,听着两位乐手演奏的音乐,义人们头上戴着桂冠,坐在有足够多座位的桌子旁。在弥赛亚之时,一生都倾注于恪守托拉经文的义人们在筵席上享用利维坦和比蒙的血肉,完全不用担心屠戮这些动物是否符合犹太经义,而犹太拉比传统对这个观念非常熟悉。不过,有点奇怪的是一个我们未曾提及的细节:插画家所画的桂冠下的义人的脸并不是人脸,无疑画的是动物的头颅。在这里,我们不仅认出右侧的三个人物就是末世论动物(雄鹰那摄人心魄的鸟喙,公牛那血红的头颅,还有狮子的脑袋),图像中另外两个义人也展现出怪诞的驴的特征和猎豹的轮廓。两个乐手也有着动物的头颅——尤其是右边那个长着一张受到神启的猴脸的小提琴演奏家。

为什么要用兽首来描绘终结之时的人类代表?提出这个问题的学者们还没有找到一个令人信服的解释。已经对这个主题进行大量深入研究的索菲亚·雅美瑟诺娃(Zofia Ameisenowa),将瓦尔堡学派的方法应用到这些犹太材料上。她认为用动物的特征来描绘义人,可以追溯到诺斯替星相学那里。根据诺斯替教义，用兽形表达黄道分度，在诺斯替教义中，义人（或者更确切地说，是崇高的灵魂）的身体在死后升入天国，变成天上的繁星，并与主宰天国的力量保持一致。①

不过，按照拉比传统，义人完全没有头颅，相反，它们是以色列遗民（resto）的代表，即它们是在弥赛亚来临那一刻，仍然存活的义人的代表。我们阅读《巴鲁书·启示录》的29：4："比蒙会在大地上出现，而利维坦会在大海中浮现；创世第五日塑造的两个怪兽，将会被留到那一刻，让余下的义人享用。"②此外，诺斯替的天使长③和星相学黄道分度用兽形来表达的理由不足以让学者们信服，这本身就需要解释。在摩尼教文本中，每一个天使长都对应于动物王国的一部分（两足动物、四足动物、鸟类、鱼类、爬虫类），同时也对应于人类身体的"五个属性"（骨头、神经、血管、肉体、皮肤），这样，对人物的兽形描绘就直接回溯到动物宏观整体和人类微观部分之间隐晦的关联。④ 另一方面，《塔木德》的一个段落中提到利维坦成为义人弥赛亚筵席上的食物，这段话出现在一

① Zofia Ameisenowa, "Animal-Headed Gods, Evangelists, Saints and Righteous Men," *Journal of the Warburg and Courtauld Institutes* 12 (1949)：21 - 45.

② James H. Charlesworth, ed., *The Old Testament Pseudepigrapha*, vol.1, *Apocalyptic Literature and Testaments*(Garden City, N.J.：Doubleday, 1983),630.

③ 诺斯替的天使长（archon），也有译为执事，它是诺斯替造物神德穆革（Demiurge）的仆从，德穆革居于人类和最高神之间。天使长实际上对应基督教圣经中的大天使，这个词来源于古希腊语的αρχοντες，意思就是统治者或统领。——中译注

④ Henri-Charles Puech, *Sur le manichéisme et autres essais* (Paris：Flammarion, 1979), 105.

系列《比附讲经》(*Aggadoth*)①内容之后,这段内容指向了动物与人之间不同关系的布局(economia)②。此外,在弥赛亚王国中,动物的特性也会发生变形,这一点也在《以赛亚书》11:6中的弥赛亚先知那里得到预示(这让伊万·卡拉马佐夫③欣喜万分),我们读到:"豺狼必与绵羊羔同住,豹子要与山羊羔同卧,牛犊、幼狮和肥畜必同群;小孩子要牵引它们。"

所以,将兽首加在以色列遗民身上并非不可能。安布罗西尼图书馆的手稿画家想要表明的是,在最后一日,动物和人的关系会具有一种新的形式,人自己也会与其动物本性协调一致。

---

① 《比附讲经》是与"律法讲经"(halakhah)相反的一种利用讲故事等手段解经的方式,亦可译作"非律法讲经"。——中译注

② 在《王国与荣耀》中,阿甘本曾经对 economia 一词的谱系学进行了很详尽的梳理,从古希腊时期的家政,到中世纪时期上帝对世俗世界治理的奥秘,再到现代意义上的经济学。在这里阿甘本突出的是 economia 一词的一般布局和安排的意思,古罗马的思想家西塞罗曾把 economia 一词的古希腊语形式 οἰκονόμος 翻译为 dispositivo,可以理解为布局、配置、安排。中译本《王国与荣耀》中统一将 economia 翻译为一个生造的词"安济"。但为了更连贯地表达人与动物之间的关系,这里将其翻译为"布局"。——中译注

③ 伊万·卡拉马佐夫是俄罗斯作家陀思妥耶夫斯基的作品《卡拉马佐夫兄弟》中的人物。在小说中他是老卡拉马佐夫的二儿子,一个二十四岁的冷漠的理性主义者,他对世界上的遭遇冷漠无情,并保持高度理智。他对弟弟阿廖沙·卡拉马佐夫曾经讲述了一个著名的耶稣二次降临的宗教大法官的故事,而本书中出现的对弥赛亚王国的论述,也出现在伊万的宗教大法官的故事中。——中译注

二、无首

　　乔治·巴塔耶十分沉迷于诺斯替的兽首天使长的肖像，他在国家图书馆的圣章厅（Cabinet des Médailles）见到了这些肖像，并在 1930 年写了一篇关于这些肖像的文章，发表在《文献》（*Documents*）杂志上。在诺斯替神话中，头领都是恶魔般的实体，他们创造并统治物质世界，在物质世界上，光亮和精神的元素都混合在一起并陷在黑暗和肉体之中。巴塔耶将这些图像作为诺斯替教派"基始唯物主义"的趋势的证据，它混淆了人与兽的外形，按照巴塔耶的理解，这代表着"三个头领都有鸭子的头"和"多形态伊奥（Iao）①"，"一个神有着人的大腿、蛇的身子、公鸡的脑袋"，最后，"一个无首的神头上有两个动物的头"。② 六年之后，安德烈·马松（André Masson）为《无首》（*Acéphale*）杂志第 1 期绘制了封面，画出了一个赤裸的无首的人物形象，这是巴塔耶和几位密友谋划的"神咒"（congiura sacra）的标记。人丧失了头颅

---

① 伊奥是诺斯替的造物主德穆革的七个天使长之一。——中译注

② Georges Bataille, "Base Materialism and Gnosticism," *in Visions of Excess*, ed. Allan Stoekl, trans. Allan Stoekl with Carl R. Lovitt and Donald M. Leslie, Jr. (Minneapolis: University of Minnesota Press, 1985), 45–52; original in Bataille, "Le bas matérialisme et la gnose," in *Œuvres complètes*, vol. 1, Premiers écrits, 1922–1940 (Paris: Gallimard, 1970), 220–226.

（这篇纲领性的文本宣称，"人脱离了他的脑袋，如同戴罪之人脱离了监牢"①）并不必然意味着回到动物。在这本期刊的第3—4期封面上，与第1期一样赤裸的人物有了一个雄伟公牛的首级，进一步印证了巴塔耶计划的问题。

事实上，巴塔耶在巴黎高师参加的科耶夫（Kojève）的黑格尔讲座的中心问题就是历史终结的问题以及在后历史世界中所假定的人和自然的形象，也就是在耐心的工作和否定——智人（Homo sapiens）种的动物经此变成了人——达到圆满之时。科耶夫有一个典型的态度，他只在1938—1939年的讲座的一个脚注中谈到了这个问题：

在历史终结时人的消失并不是宇宙的灾难：自然世界仍然保持着其永恒所是的状态。这也不是生物学上的灾难：人和动物一样仍然活着，与自然或既定存在和谐一致。消失的是所谓的大写的人，即消失的是否定既定世界的行动、错误，或者说与客体对立的大写主体。从事实角度来看，人的时间或历史的终结（即所谓的大写的人，或者自由和历史的个体的消失），意味着在强意义上的行动的停止。在实践上，这意味着战争和血腥革命的消失。还有哲学的消失，因为大写的人不再从根本上变革自己，也没有任何理由来变革他认识世界、认识

---

① Bataille, "The Sacred Conspiracy," in *Visions of Excess*, 181; original in Bataille, "La conjuration sacrée," in *Œuvres complètes*, vol. 1, 445.

他自己的那些（真正的）根本原则。所有剩下的东西都可以无限制地保留下来，艺术、爱、游戏，等等，简而言之，那些让人感到快乐的东西都会保留下来。①

巴塔耶和科耶夫之间的不一致所涉及的正是人之死后的"遗民"，在历史终结后，他们再一次变成动物。学生（事实上，这个学生比老师还大五岁）完全不能接受的是"艺术、爱、游戏"，还有笑者、狂喜、奢侈（在弥漫着例外的氛围中，这些东西就是《无首》杂志的中心，也是两年后社会学学院[Collège de Sociologie]的那些人的中心），不再是超人，否定性的、神圣的人，而仅仅是为了回到动物的行径。这群四十多岁的创始人（他们并不惧怕在巴黎郊区的树林里通过"面向死亡行乐"来挑战荒谬，不久后，在全欧洲的危机中，他们扮成"巫师学徒"，告诫欧洲人民回到"神话的旧屋子"里）在他们的特权经历中，乍一看来，无首之物或许既非人，亦非神，但绝无可能是动物。

当然，这里的关键也正在于对黑格尔的解释，科耶夫是这个领域内的权威，而这个领域正遭到威胁。如果历史仅仅是耐心的否定性的工作，人既是主体，也是否定行为的关键所在，那么历史的圆满必然导致人的终结，在时间之槛上，那

---

① Alexandre Kojève, *Introduction to the Reading of Hegel*, ed. Allan Bloom, trans. James H. Nichols, Jr. (Ithaca, N. Y.: Cornell University Press, 1980), 158 – 159; original in Kojève, *Introduction à la lecture de Hegel* (1947; Paris: Gallimard, 1979), 434 – 435.

些预料到圆满终结的智慧之人的脸庞必然会萎缩，正如在安布罗西尼图书馆的插画上一样，萎缩为动物的面貌。

正因为如此，在1937年12月6日写给科耶夫的信中，巴塔耶肯定了"无用的否定"（negatività senza impiego）的观念，即历史终结后留存下来的否定性，对此，他唯一能给出的证据就是他的生命，"敞开的伤口就是我的生命"。

> 我保证（很像揣测一样）从今而后，历史终结了（除了尾声）。然而，我总是用不同方式表示事物……如果行动（"做"）——如黑格尔所说——就是否定，那么问题就出现了，是否"再没有事情可做"的人的否定性消失了，或者他处在"无用的否定"之中：我个人只能决定一种方式，我自己就是这种"无用的否定"（我不能更准确地界定我自己）。我知道，黑格尔已经预知了这种可能，无论如何，他并没有将这种可能定位在他所描述的历史过程终结之时。我想我的生活（或者更准确地说，生活的挫折，敞开的伤口就是我的生命）本身就是对黑格尔封闭体系的驳斥。[①]

那么，历史的终结涉及一个"尾声"，在"尾声"中，人类的

---

① Denis Hollier, ed., *The College of Sociology (1937-1939)*, trans. Betsy Wing (Minneapolis: University of Minnesota Press, 1988), 90; original in Hollier, ed., *Le Collège de Sociologie (1937-1939)* (Paris: Gallimard, 1979), 171.

否定以情欲、狂笑、面向死亡行乐的形式被保存下来,成为"剩余"。在这个尾声的不明确的光芒中,掌控一切并拥有自我意识的智慧之人,看到的不是兽首在他面前再一次出现,而是宗教上粗暴的人物无首形象、"爱人"或"巫师学徒"。然而,这个尾声被证明是孱弱的。1939年,由于那场无法避免的战争,社会学学院发布宣言,不再无所事事,谴责在这场"消除男性气质"的巨大战争面前太过消极、毫无反应,在战争中,人们变成了"委身于屠宰场的清醒的羔羊"。① 尽管在某种意义上与科耶夫所说的不同,但他们现在真的又一次变成了动物。

---

① Hollier, 45; original, 103.

三、附庸风雅①

没有动物是风雅的。

——亚历山大·科耶夫

1968年,在《黑格尔导读》出第二版时,科耶夫再一次回到了人变成动物的问题上,那时他的学生兼对手已经去世六年了。他再一次用脚注的形式,加在他第一版的脚注上(如果说《黑格尔导读》的文本基本上都是由格诺②的笔记组成的,那么脚注则成了唯一经科耶夫之手的文本)。第一个脚注,他觉得太过含糊,因为如果我们认为在历史终结时,"所谓的"人必须消失,那么我们不能期望"所有剩下的东西"(艺术、爱、游戏)都毫无限制地保留下来:

如果人再一次变成了动物,他的艺术、他的爱、他的游戏也会变成纯"自然的"。于是必须承认,在历史终结

---

① 阿甘本的意大利文原词为 snob,本意为希望被当成上层阶级的人,他会有意蔑视比自己低阶的人与品位。鉴于本书中的用法,这里翻译为"附庸风雅"。——中译注

② 雷蒙·格诺(Raymond Queneau,1903—1976),20世纪法国"新小说派"代表作家,他也是科耶夫《黑格尔导读》最重要的编者。——中译注

后，人必须建造自己的建筑和艺术作品，就像鸟儿建造自己的巢穴、蜘蛛织造蛛网一样，用蛙与蝉的方式来表演音乐会，像小动物一样戏耍，像成年野兽一样去爱。不过，我们不能说所有这些都会"让人幸福"。我们必须说，历史终结后的智人种的动物（它们生活在物质丰富和彻底安全当中）会满足于艺术、爱欲和玩耍的行为，因为，在定义上，它们就会满足于此。[①]

然而，人在某种意义上的明确消失，必然会导致人类语言的消失，并被与蜜蜂语言差不多的模仿和声音符号代替。在那种情况下，科耶夫认为，不仅仅哲学——即爱智慧——消失了，而且任何诸如此类的智慧都有可能消失。

在这一点上，笔记将一系列关于历史终结和关于世界的当下状态的问题关联起来，在这些问题中，我们不可能区分哪些是严肃的话题，哪些是绝对的反讽。那么，我们知道，在第一则脚注写作（1946 年）几年之后，作者认为"黑格尔—马克思式的历史终结"并非一个未来的事件，而是某种已经完成的东西。在耶拿战役之后，人类的先驱实际上已经达到了人类历史进化的终点。随后的事情（包括两次世界大战、纳粹，以及俄国变成苏联）仅仅代表着最发达的欧洲国家加速处置世界剩余部分的过程。不过现在，在 1948 年到 1958 年

[①]　Kojève, 159; original, 436.

间(那时,科耶夫成为法国政府的高级幕僚)屡次到访美国和俄国后,他相信,在通往历史终结的条件的道路上,"俄国人和中国人不过是现在还很穷的美国人,他们都想迅速地发家致富",而美国已经到达了"马克思主义'共产主义'的最终阶段"。[①] 于是,他得出结论:

> "美国生活方式"就是最合适历史终结时代的生活方式,美国在世界上的当下状态,预示着所有人类的"永恒"未来。这样,人回到动物不仅仅是正在实现的可能性,而且现在已经确凿无疑。[②]

然而,1959年,在一次去日本的旅行之后,科耶夫在这方面发生了更深刻的转变。在日本,科耶夫得以亲眼看到一个生活在历史终结之后的社会却仍然是"人类的"。

> "历史终结后"的日本文明直接对立于"美国方式"。毫无疑问,在日本,不再有"欧洲"或"历史"意义上的任何宗教、道德、政治。不过最纯粹的**附庸风雅**(snobismo)创造诸多戒律,来否定"自然的"和"动物的"的给定,实际上,这种风雅远远超过了日本或其他地方在"历史"行动中产生的东西,即在战争和革命斗争或强

① Kojève, 161; original, 436 - 437.
② Ibid., original, 437.

制性工作中产生的东西。可以肯定,日本顶级的附庸风雅(没有其他地方与之相媲美)——能剧、茶道、插花——仍然是贵族和富人们的特权。尽管仍然存在经济上和社会上的不平等,但所有日本人都毫无例外地依照总体上的形式化的价值来生活,即在"历史"意义上彻底掏空"人"的内涵。这样,最极端的情况是,所有日本人都能从附庸风雅中实行"无故"(gratuito)的**自杀**(用飞机或鱼雷取代了武士的日本刀来自杀),在赌上了拥有社会或政治含义的"历史"价值的斗争中,这些自杀与冒生命危险没有丝毫关系。这似乎就在于让人们相信,日本与西方世界的关系,最后不会再度让日本变得野蛮,而是让西方人(包括俄罗斯人)都"日本化"。

现在,由于动物不可能是附庸风雅的,所有"日本化"的历史终结时代,就是人的时代。于是,只要存在智人种的动物,就不会是"对所谓的大写的人的明确消灭",这些智人种的动物会成为人之为人的"自然"支撑。①

巴塔耶每一次在指责自己的老师时都会说,科耶夫在描述历史终结的前提时都有十分滑稽的腔调,而这种滑稽的腔调在这则脚注中达到了巅峰。他不仅仅是将"美国生活方

---

① Kojève, 161 - 162; original, 437.

式"等同于动物的生活,而且用日本附庸风雅的方式,将历史终结后的遗民类同于一个更为高雅的(或者说更为滑稽的)版本。巴塔耶以他最坦率的方式,将之界定为"无用的否定",而在科耶夫看来,巴塔耶的这种坦率品位低下。

我们来思考一下历史终结之后人的形象的理论含义。首先,人在历史悲剧中的幸存似乎在历史及其终结之间导入了一个超历史(ultra-storia)的边缘,它让我们想起了犹太教和基督教传统中一千年的弥赛亚王国,它将会在最终的弥赛亚事件和永恒生命之间在大地上创立这个弥赛亚的王国(毫不奇怪,一位用他的第一本专著来研究索洛维约夫[1]哲学的思想家,本人就浸淫在弥赛亚和末世论的问题当中)。但关键在于,在这个超历史的边缘,人仍然保持为人,假定了智人种动物存活下来作为他的支撑。因为在科耶夫对黑格尔的解读中,人并不是从生物学上来界定的物种,也不是一次性给定的实体,相反,人毋宁是一个辩证张力(tensioni dialettiche)的区域,他已然被一道内部裂痕区分开来,每一次都区分了——至少是潜在地区分了——"人形"动物和在其中占据着身体形式的人。在历史上,人仅仅在这个张力区域内存在,唯有当人超越并变革了作为其支撑的人形动物时,人才

---

① 索洛维约夫(Vladimir Solovëv,1853—1900)是现代意义上俄罗斯哲学和东正教神学的奠基人。在俄罗斯哲学史上,索洛维约夫是跨时代的人物。首先,索氏使俄国哲学有了独立的语言和表达形式,结束了俄国哲学仅仅靠散文、札记、随笔等方式表达自己的时代。文中提到的科耶夫谈索洛维约夫的专著,应该指的是1926年科耶夫在德国海德堡大学所写的博士论文《索洛维约夫的宗教哲学》。——中译注

能成为人，这仅仅因为，通过否定行为，人可以掌控并从实际上摧毁其动物性（在这个意义上，科耶夫写道："人是动物的致命的疾病"[1]）。

在历史终结后，人的动物性变成了什么？日本的附庸风雅与其动物的身躯之间的关系，以及这个身躯与巴塔耶看到的无首生物之间的关系如何？不过，在人与人形动物之间的关系上，科耶夫强调了否定和死亡的方面，他似乎没有看到这样的过程，即与之相反，现代性的人（对他来说是国家）开始关怀自己的动物性生命，自然生命成为福柯所谓的生命权力（biopotere）的关键所在。或许人形动物的身体（奴隶的身体）就是唯心主义未能消化的残余物，它被留作一个思想的遗产，或者说我们时代的哲学之谜，它与身体之谜是一致的，而它不可避免地要做出动物性与人性之间的划分。

---

① Kojève, *Introduction à la lecture de Hegel*, 554.

四、不协调的奥秘

对于任何要对我们文化中的"生命"概念进行谱系学研究的人来说,一个最具有启发意义的看法就是,这个概念根本不能界定。不过,这个尚未确定的事情,一次又一次地通过一系列分裂与对立,发生关联又相互区分。这些分裂与对立,在诸多相差很远的领域中,如在哲学、神学、政治学,还有——只有最近——医学和生物学中,让生命具有了十分关键的策略性功能。也就是说,仿佛在我们的文化中,**不可能界定生命,也正因为如此,生命必须不停地关联和区分**。

在西方哲学史上,生命概念的策略关联有个基本要素,即《论灵魂》(*De anima*)中的要素。在这本书中,亚里士多德从"生"(vivere)一词的不同意义出发,提炼出了一个最普通也最特别的意思:

> 正是通过生命,有灵魂者(l'animale)得以不同于那些无灵魂的东西(l'inanimato)。[①] 现在,"生"这个词不

---

① 《敞开:人与动物》的英译者强调,亚里士多德在《论灵魂》中使用的原词分别是 empsychon 和 apsychon,阿甘本自己将这两个词翻译为意大利语的 l'animale 和 l'inanimato。在法文版中,法译者也沿用了阿甘本的译法,即 l'animal 和 l'inanimé。不过阿甘本的翻译可能更切近亚里士多德《论灵魂》标题中的 anima 的原意,即"灵魂"。——中译注

止一种意思，某物只要具有"生"的任何一种意思，我们就说此物活着，如思考、感觉、空间场所中的运动和休息、营养意义上的运动、衰败与成长。于是，我们认为所有种类的植物都是活的，因为可以看到，植物自身有着成长和衰败的本能和潜能……植物的本能可以与其他东西区分开来，但其他凡俗之物并不能与植物区分开来。在植物那里，事实很明显，即它们拥有灵性的潜能（potenza dell'anima）。如此，正是通过这样的生命本能，生命属于活物……由于营养能力（threptikon），我们可以说植物也有着灵魂的一部分。①

重要的是，要看到亚里士多德绝没有定义生命是什么：他仅限于对生命做出划分，分离出营养能力，随后在一系列不同的且彼此关联的能力或潜能（如营养、情欲、思想）中将其重新关联起来。在这里我们看到，起作用的基础原则构成了亚里士多德思想中最重要的战略工具。他将所有"某物是什么"类型的问题重新概括为"由于什么，某物属于另一样东西"。问什么东西有生命，意味着找到一个根基，让生命属于这个存在物。也就是说，在"生"的不同含义中，我们必须将其与其他东西区别开来，确定其基底，让其成为使生命属于

① Aristotle, *De anima*, 413a, 20 - 413b, 8; English version in *The Complete Works of Aristotle*, ed. Jonathan Barnes (Princeton: Princeton University Press, 1984), 658.

某一存在物的基本原则。换句话说,所区别和区分开来的(在这里,是营养性生命)正是——一种分而治之(divide et impera)的方式——让生命体成为结合了一系列功能性能力和层面的等级制关系体。

无论如何,将营养性生命(古代阐释者会称之为植物性生命)单独列出来成了西方科学史上一个奠基性的事件。许多世纪之前,比沙①在他的《生与死的生理学研究》(*Recherches physiologiques sur la vie et la mort*)一书中区分了"动物生命"和"组织生命","动物生命"是由其与外部世界的关系来界定的,而"组织生命"只是"消化与排泄的习惯性过程"。② 亚里士多德的营养性生命又一次给出了一个晦暗的背景,在这个背景下,更高阶的动物生命与之相区别。按照比沙的说法,在所有的高阶组织中,仿佛有两个"动物"生活在一起:一个是存于内的动物(l'animal existent au-de-dans),其生命——比沙界定为"组织生命"——仅仅是重复,也就是说,重复着盲目的无意识的功能(血液循环、呼吸、消化、排泄,等等);另一种是存于外的动物(l'animal existent

① 比沙(Xavier Bichat, 1771—1802),法国医生。比沙是一位医生之子,幼年早熟,他热诚地投身于医学界。他最初在里昂工作,法国大革命的风暴使他离开这里,于 1793 年来到巴黎。他第一个使解剖学家和生理学家注意到,人体的器官是一种结构较简单的复合体。他虽未曾借助于显微镜,但是证明了每一器官是由不同类型的"组织"所构成的。1801 年,他出版了讨论此问题的著作《普通解剖学》,他可以说是组织学的奠基人。这是通向生命细胞学说的重要一步。——中译注

② Xavier Bichat, *Physiological Researches on Life and Death*, trans. F. Gold (Boston: Richardson and Lord, 1827), 13; original in Bichat, *Recherches physiologiques sur la vie et la mort* (1800; Paris: Flammarion, 1994), 61.

au-dehors），这种生命——比沙只把这种生命称作"动物"——是通过与外部世界的关系来界定的。在人那里，两种动物存活在一起，但二者并不协调，内在动物（animale-di-dentro）的组织生命开始于动物生命开始之前的胚胎，随着变老以及最后死亡前的挣扎，外在动物（animale-di-fuori）死亡了，内在动物却仍然存活着。

毋庸多言，认识到植物性生命的功能和关系性生命的功能之间的区别，在医学史上有着重要的战略价值。此外，现代手术和麻醉的成功就建立在这种区分的可能性上，与此同时，也与比沙的两种动物的区分有关。正如福柯所说，当滥觞于17世纪的现代国家将对人口生命的关怀作为国家的根本任务之一，从而将生命的政治学变成生命政治学时，通过进步的一般化过程以及对植物性生命（现在植物性生命与国家的生物学遗产相一致）的重新界定，国家将执行这一新的使命。直到今天，关于法理上的临床死亡标准的界定还存在巨大争议，这是对这种赤裸生命的更深入的认识（赤裸生命与任何大脑活动无关，也就是说，它无关于主体），赤裸生命决定了一具身体是否还活着，或者说是否可以放弃这具身体，用于器官移植。

对生命的区分——植物性生命和关系性生命、有机生命和动物生命、动物生命和人的生命——故而首先是在活生生的人身上的动态的区分，如果没有这种区分，我们就不能判断什么是人，什么不是人。将人对立于其他活物，同时组织人与动物之间复杂却不总是有启示意义的关系布局,这是有可能的,这仅仅是因为在人之中总能区分出某种类似于动物生命的东西,仅仅是因为他与动物的远近程度首先在离他最近也与他最亲密的地方被衡量和认识。

　　倘若真的如此,如果人与动物的区分首先是在人之内的区分,那么必须用一种新的方式提出对人的追问——也是对"人本主义"的追问。在我们的文化中,人通常被看成身体与灵魂、活物与逻各斯、自然(或动物)元素和超自然或社会或神圣元素的连接和结合。我们必须将人视为两种元素不协调的结果,对人的研究不是两种元素在形而上学上结合的奥秘,相反,应该是两种元素在实践上和政治上彼此分离的奥秘。如果人总处在不停地分裂和区分的位置上——同时也是分裂和区分的结果——那么人是什么? 更为迫切的工作是研究一下这个区分,追问一下以何种方式——在人之中——人被分成人与非人,分成动物与人,而不是采用一个大问题的立场,追问所谓的人权和价值是什么。或许在某种意义上,我们同神的关系最光彩夺目的区域,依赖于我们与动物相区分的更黑暗的区域。

五、受祝之人的生理学

除了是让我们不知餍足地填饱自己的酒馆和永远香艳的妓院之外，天堂是什么？

——奥弗涅的威廉

从这个角度来看，阅读一下中世纪关于复活身体的健康和品质的论文是十分有益的。教父们首先面对的问题就是复活的身体与活人的身体的同一性。两种身体的同一性似乎暗示着，曾属于死人身体的所有物质必须在受祝的有机体中复活并再次成形。而这正是难点所在。例如，如果一个贼（他后来忏悔了，并得以赎罪）被切掉了一只手，在复活时这只手会重新在身体上长出来吗？圣托马斯问道，亚当那根用来制造夏娃的肋骨，是会在夏娃还是在亚当的身体里复活呢？此外，按照中世纪的科学，食物变成了新鲜的血肉，如果一个食人族吃掉了其他人的身体，这必然意味着单个肉体可以重新加入若干个体。头发和指甲怎么办呢？还有精液、汗水、奶水、尿液以及其他分泌物会怎么样呢？神学家们争论说，如果肠子全部复活，那么肠子里要么是空的，要么是满的。如果是满的，这意味着肠子里的污秽之物也复活了，如果是空的,那么我们有一个器官不再具有任何自然的功用。

这样,复活身体的同一性和健全的问题很快成了受祝之人的生理学问题。我们应当如何想象天国中身体的功用?为了在这样一个不平坦的地面上引导他们自己前进,教父们有个驾轻就熟的有用的范式,即堕落之前的亚当和夏娃在伊甸园中的身体。"上帝在他们身体之内浇注了永恒的快乐和受祝的幸福,"司各特·艾利葛那①写道,"这就是上帝以自己的形象和类型所创造的人的本质。"②从这个角度来看,受祝之人的生理学就是恢复了伊甸园时期的身体,即未败坏的人的本质的原型。然而,这也导致了教父们不能完全接受的一些结果。可以肯定,正如圣奥古斯丁所解释,在堕落之前,亚当的性征和我们的不一样,因为他的性器官可以像手脚一样自由地移动,这样性欲的结合不需要任何性的刺激。亚当的营养与我们相比无限丰富,因为他只吃天国里的水果。即便如此,我们应当如何从受祝之人的立场来思考性器官——或者单纯食物——的用途呢?

如果我们承认,复活者是通过性来生殖,通过食物来滋

---

① 司各特·艾利葛那(Scotus Erigena,815—877),爱尔兰神学家、新柏拉图主义哲学家和诗人。他写了大量的著作,流传到今天最著名的就是下文提到的《自然的区分》(De divisione naturae)一书,有人将这本书视为古代哲学的最终成果,因为这本书综合评价了十五个世纪以来的哲学成就。实际上艾利葛那对自然的定义有点类似于后来的泛神论,他翻译和评注了伪狄奥尼索斯的著作,是当时为数不多的懂古希腊文的欧洲神学家之一。——中译注

② Iohannis Scotti Eriugenae [John Scotus Erigena], *Periphyseon (De divisione naturae). Liber quartus*, ed. Édouard A. Jeauneau, trans. John J. O'Meara and I. P. Sheldon-Williams (Dublin: Dublin Institute for Advanced Studies, 1995), 188-191.

养自己,那么这就意味着人的数量和身体外形都会无限增长或变化,有无数的受祝之人在复活之前从未存在过,因而我们无法界定他们的人性。动物生命的两个主要功能——营养与生殖——直接就是对个体和物种的保留,但在复活之后,人达到了预定的数量,由于人不会死,这两个功能会变得无用。此外,如果复活之人继续饮食和生殖,天国不仅仅容纳不下他们,而且也无法承受他们的排泄物——这正好印证了奥弗涅的威廉反讽性的抨击:在那该死的天堂里,有太多的粪便!(maledicta Paradisus in qua tantum cacatur!)

然而,还有一个更阴毒的学说认为,复活之人性交和饮食不是为了保存个体和物种,而是(因为福祉在于人类本质的圆满)在天堂里的所有人,他们的身体和灵魂都能得到祝福。为了反对这些异端邪说——圣托马斯认为这些邪说是穆罕默德和犹太人的邪说——圣托马斯在为补充《神学大全》(Summa theologica)而加上的《论复活》(De resurrectione)里,强制性地重申将性交和饮食用途(usus venereorum et ciborum)从天堂里排除出去。他告诫说,复活并不会走向人的自然生命的圆满,最终走向的终极圆满是思想的生命:

在复活时,不会再有那种为了让原初的人的自然本性达到或保持圆满而开展的自然行为……因为吃喝睡

觉属于原初的自然圆满，在复活后就不会有这样的事
情了。①

　　同是这个作者，在前不久还认为人的原罪绝不会影响动
物的自然本性和前提，如今却毫无保留地认为天堂里排除了
动物性的生命，即受祝之人不再是动物性生命。结果，天堂
里既没有植物，也没有动物："它们无论在整体上还是在部分
上都败落了。"②在复活者的身体里，动物功能是"无意义和
空洞的"，正如中世纪神学中的伊甸园，在逐出了亚当和夏娃
之后，一直空无一人。不是所有的肉体都会得到拯救，在受
祝之人的生理学中，上帝的救赎安排（oikonomia）留下了不
可能被救赎的残余物。

　　① Thomas Aquinas, The "Summa Theologica "of St. Thomas Aquinas, vol.
20, Part Ⅲ (Supplement) QQ. 69 - 86, trans. Fathers of the English Dominican
Province (London: Burns Oates and Washbourne, 1912), 193; original in
Aquinas, Somme théologique. La Résurrection, ed. Jean-Dominique Folghera
(Paris—Rome: Desclée, 1955),151 - 152.
　　② Aquinas, The "Summa Theologica ", vol. 21, Part Ⅲ (Supplement)QQ.
87 - 99, 68; original in Aquinas, Somme théologique. Le monde des ressuscités, ed.
Réginald-Omez (Paris and Rome: Desclée, 1961), 153.

六、认识实验

那么我们可以进一步提出一些临时性的假设，这些假设涉及是什么让安布罗西尼图书馆里的插画用兽首代表义人变得如此神秘。历史的弥赛亚终结，或上帝救赎安排的圆满界定了一个门槛，在这个门槛上，对我们文化极为重要的动物与人的区分趋于消逝。即是说，动物和人的关系标志着一个重要领域的边界，在这个边界上，历史研究必然会遭遇超历史的边缘，若不求助于第一哲学，我们将无法触及这个边缘。似乎确定人与动物的边界不仅仅是哲学家、神学家、科学家和政治家讨论的问题，也是一个基本的形而上学—政治上的操作，也正是这个操作决定并产生了"人"这一东西。如果动物生命和人的生命可以完美地重叠起来，我们就不可能再去思考人或者动物——甚至不能思考神。因此，触及历史终结再次实现了前历史的门槛，这道门槛界定了历史的边界。那个被称为伊甸园的天堂再一次成为问题。

在《神学大全》的一个段落中，有一个十分醒目的标题："无罪状态下的亚当是否统治着动物"（"Utrum Adam in statu innocentiae animalibus dominaretur"）。在这一刻，圣托马斯似乎接近了问题的核心，即产生了一个"认识实验"

（cognitio experimentalis），关于人与动物关系的实验。

> （他写道）在无罪状态下，人对动物没有身体上的需
> 要。不需要衣服，因为他们赤裸而不感到羞耻，也没有
> 产生淫欲的动机；不需要食物，因为他们依赖天国树木
> 的滋养；也不需要交通工具，因为他们的身体足够强大。
> 不过，他们仍然需要动物，是为了从它们的自然本性中
> 提炼出实验性的知识（Indigebant tamen eis, ad experi-
> mentalem cognitionem sumendam de naturis eorum）。
> 如下事实足以证明这一点，即上帝将动物放在人的面
> 前，他可以给动物命名，用命名来确定动物的本质。①

我们必须理解，在这种认识实验中，什么才是关键所在。
或许不仅仅是神学和哲学，政治学、伦理学、法学也都是从人
与动物的区分中得出的，并在这种区分中被悬置。这种差别
下的认识实验，最终涉及人的本质——或者更准确地说，对
人的本质的生产和定义。这就是人的本性（de hominis
natura）的实验。一旦二者的差异消失，两个词之间不再有任
何分别——就像今天所发生的那样——那么存在与虚无、合
法与非法、神灵与恶魔之间的区别也烟消云散了，在那个地

---

① Aquinas, *The "Summa Theologica"*, vol. 4, *Part Ⅰ*, *QQ. 75 - 102*, *328 - 329*; original in Aquinas, *Somme théologique. Les Origines de l'homme*, ed. Albert Patfoort (Paris and Rome: Desclée, 1963), 193.

方,出现了某种我们无法命名的东西。或许集中营和灭绝营就是这样一种实验,一种极端和怪异的企图来判断人与非人之间的区别,这种实验最终却让区分人与非人的可能性灰飞烟灭了。

七、分类学

可以肯定,笛卡尔从未见过猿。

——卡尔·林奈

林奈,现代科学分类学的奠基人,特别喜爱猿。很有可能在阿姆斯特丹求学期间,他有机会近距离看一些猿,那里当时是外来动物交易中心。后来,在返回瑞典之后,他成为首席御医,在乌普萨拉(Uppsala)弄了一个小型动物园,那里有不同类型的猿和猴,据说,里面有一只名为戴安娜的无尾猴特别受他喜爱。神学家会认为猿与其他野兽一样,在根本上不同于人,因为它没有灵魂,而林奈不准备向这些神学家屈服。在《自然体系》一书的一则注释中,他用了一句非常尖刻的陈述驳斥笛卡尔的理论,笛卡尔主义将动物视为自动的机器(automata mechanica)。他说道:"可以肯定,笛卡尔从未见过猿。"后来在一本题为"人类的远亲"(*Menniskans Cousiner*)的著作中,他解释说,很难从自然科学的角度将类人猿同人区分开来。并非林奈看不到在道德和宗教层面上将人与野兽区分开来的那些明显的差异:

人是一种动物,造物主用神奇的心灵来赋予人类无上荣耀,他想让人类成为他最珍爱的造物,让人类成为更高贵的存在。上帝甚至派遣他的独子来拯救人类。

尽管如此,他仍得出结论:

这属于另一个话题,就像鞋匠会紧扣他的鞋楦一样,我必须待在我的实验室里,像自然主义者那样来审视人及其身体。除了猿猴的犬牙和其他牙齿之间有更大缝隙之外,自然主义者并不太清楚人与猿之间有什么样的明显区别。①

我们不用感到奇怪,在《自然体系》中林奈有一种十分专横的态度,他将人放在人形动物序列里(从 1758 年的第十版开始,我们将之称为灵长目动物[Primates]),与猴科(Simia)、狐猴科(Lemur)和蝙蝠科(Vespertilio)并列。除此之外,尽管他的态度必然会引发争议,但在某种意义上,这个问题已经在酝酿当中。1693 年,约翰·雷伊(John Ray)已经在四足动物中区分出一组人形动物,即一组"很像人"的动物。一般来说,在古代,人的边界比人类科学已得到发展的19 世纪更加不确定,更加摇摆不定。直到 18 世纪,语言——

---

① Carolus Linnaeus [Carl von Linné], *Menniskans Cousiner*, ed. Telemak Fredbärj (Uppsala: Ekenäs, 1955), 4 - 5.

后来成为人类最具辨识度的特征——跨越了不同秩序和种类，因为人们怀疑鸟类也能讲话。约翰·洛克这样的比较可信的见证人，谈到拿骚王（principe di Nassau）的鹦鹉的故事——鹦鹉能够对话并"像理性的动物一样"回答问题——时，或多或少把这当作确信之事。即便从生理上对人和其他物种进行区分，也会导致一个模糊不清的区域，在这个区域中，我们不可能有明确的身份。彼得·阿尔特第（Peter Artedi）的《鱼类学》（*Ichthiologia*，1738）这样严肃的科学著作，仍然会将塞壬女妖排在海豹和海狮后面，而林奈自己在《泛欧人》（*Pan Europaeus*）中，把塞壬女妖——丹麦的解剖学家卡斯帕尔·巴尔多林（Caspar Bartholin）称之为海人（Homo Marinus）——与人和猿归为一类。另一方面，类人猿和原始人之间的边界也并不明朗。尼古拉·图尔普（Nicolas Tulp）博士在 1641 年第一次对猩猩的描述就强调了这种森林人（homo sylverstris，这个词在马来语中是猩猩的意思）的人类特征，直到爱德华·泰森的论文《猩猩，或森林人：或对于一个俾格米人的解剖》（*Orang-Outang, sive Homo Sylvestris: or, the Anatomy of a Pygmie*，1699）第一次在稳固的解剖比较的基础上提出了猿与人的区别。尽管这个作品被视为灵长类动物学研究的古老版本，但是泰森所谓的"俾格米人"（在解剖学上，它与人类有 34 个特征不同，与猿猴有 48 个特征不同），对他来说，代表猿与人之间的"中间动物"，与天使有着对立的对称关系。

（泰森在给福尔克纳领主［lord Falconer］的题献中写道）我已经解剖过的这种动物非常近似于人类。似乎动物与像领主大人您这样的人一样的理性存在物的关系，与您这样在知识和智慧上无与伦比的存在物的关系，非常接近于高于我们的存在物的类型，连接着可见的和不可见的世界。①

我们来看看这篇文章的全部标题，就足以理解人的边界不仅遭到真实动物的威胁，也遭到一些神话生物的威胁。论文的全名是"猩猩，或森林人：对俾格米人的解剖，与驴、猿、人相比较。还加上对古代的俾格米人、犬头人、萨蒂尔、斯芬克斯的文献学研究。在那里，会显示出它们要么是猿，要么是猴，而不是人，正如之前传说的那样"(*Orang-Outang, sive Homo Sylvestris: or, the Anatomy of a Pygmie Compared with that of a Monkey, an Ape, and a Man. To which is added, a Philological Essay Concerning the Pygmies, the Cynocephali, the Satyrs, and Sphinges of the Ancients. Wherein it Will Appear that They are all Either Apes or Monkeys, and not Men, as Formerly Pretended*)。

---

① Edward Tyson, *Orang-Outang, sive Homo Sylvestris: or, the Anatomy of a Pygmie Compared with that of a Monkey, an Ape, and a Man. To which is added, a Philological Essay Concerning the Pygmies, the Cynocephali, the Satyrs, and Sphinges of the Ancients. Wherein it Will Appear that They are all Either Apes or Monkeys, and not Men, as Formerly Pretended* (London: Bennet and Brown, 1699), n. p.

的确，林奈的天才并不在于他的坚决，将人放在灵长目动物之中，而是在于他的反讽，他没有留下——正如他在对待其他物种时那样——在人这个名义下类别性的、可以专门辨识的特征，只有一个古老的哲学格言：认识你自己（nosce te ipsum）。即便在第十版中，他的命名已经完全变成了智人，所有证据也表明，这个新词并不是一种描述，而仅仅是对这个古老格言的简化，并保持了邻近人的位置。反思一下这个非比寻常的分类学，这种分类并不是一个先天给定的分类，而更像是一个特殊分类的律令。

对《自然体系》开篇导论的分析明确了林奈赋予他的格言的意义：除了认识他自己的能力（potersi）之外，人再没有其他特征。并不是通过任何新特征（nota characteristica），而是通过他的自我认识来界定人，这意味着人就是认识他自己的存在物，即**人是一种必须要将自己认识为人、使自己成为人的动物**。说真的，在诞生的那一刻，自然已经将人"赤裸裸地抛到赤裸裸的大地上"，不能认识，不能言说，不能行走，不能养活自己，除非所有这些都教过他（Nudus in nuda terra... cui scire nichil sine doctrina; non fari, non ingredi, non vesci, non aliud naturae sponte）。唯有当他让自己提高至人之上，他才能成为他自己（o quam contempta res est homo, nisi supra humana se erexerit）。①

----

① Carolus Linnaeus, *Systema naturae, sive, Regna tria naturae systematice proposita per classes, ordines, genera, & species* (Lugduni Batavorum: Haak, 1735), 6.

在写给一位批评者约翰·格奥尔格·格美林（Johann Georg Gmelin）（格美林反对《自然体系》中认为人是以猿的形象创造出来的观点）的信中，林奈的回复给出了使用这句格言的意义："然而人要认识他自己。或许我改了几个词。不过，我请求你和全世界给出一个跟自然历史原理相一致的猿与人的一般差别。显然，我不太了解这些差别。"[①]在给另一位批评者狄奥多·克莱因（Theodor Klein）的回复的注释中，林奈说明了他想将智人这种表达的反讽含义推进多远。那些没有认识到自己处于《自然体系》中人类所属位置的人，像克莱因一样，应该把认识你自己应用到他们自己身上；他们不知道如何将自己认识为人，因而已让自己处在猿之中。

智人不是一个可以清晰界定的物种，也不是一个实体，而是一个产生人的认识的机器或装置。与那个时代的趣味相一致，人类活动机器（用一下弗里奥·杰西[Furio Jesi]的表达，我们或许可以说人类机器）是一个光学机器（根据最新的研究，就如《利维坦》中描述的装置一样，林奈的格言，认识你自己或"解读你自己"，可能就来源于这种装置的简介，霍布斯翻译为"拒绝原来的理解"）。这个光学机器是由一系列镜子构成的，其中，人看着他自己，他自己的形象已经分解为猿的若干特征。在构成上，人就是"人形"动物（即"像人"的

---

① Johann Georg Gmelin, *Reliquiae quae supersunt commercii epistolici cum Carolo Linnaeo, Alberto Hallero, Guilielmo Stellero et al....*, ed. G. H. Theodor Plieninger (Stuttgartiae: Academia Scientiarum Caesarea Petropolitana, 1861), 55.

动物，在《自然体系》第十版之前，林奈都在不断使用这个词），为了成为人，人必须在非人当中辨出自己。

在中世纪的图像学中，猿举着一面镜子，在镜子中，原罪之人必须将自己视为上帝的猿（simia dei）。在林奈的光学机器中，任何拒绝在猿之中辨出自己的，都会成为猿：改写一下帕斯卡的说法，谁扮作人，则扮作猿（qui fait l'homme, fait le singe）。这就是为什么在《自然体系》导论的结尾，林奈——将人界定为唯有认为自己不存在时才会存在的动物——必须忍受那些将自己扮成批评者的猿猴站在他的肩膀上嘲笑他：这就是为什么我忍受那些咆哮的萨蒂尔的嘲笑，忍受那些上蹿下跳的猴子蹦跶到我的肩膀上（ideoque ringentium Satyrorum cachinnos, meisque humeris insilientium cercopithecorum exsultationes sustinui）。

八、没有等级

　　人文主义的人类机制是一个反讽的装置,它证明了专属于人的本性的缺乏,认定人悬置在天国和大地的本性之间,悬置在动物和人之间——于是,人总是或多或少偏离他自己。这清楚地体现在皮科·德拉·米朗多拉(Pico della Mirandola)的"人文主义宣言"演说中,这篇演说被不合适地称为"关于人的尊严(de hominis dignitate)"的演说,即便这篇演说完全没有涉及尊严(dignitas)一词,这个词仅仅意味着"等级",在任何情况下都不能指向人。其中所表达的范式不仅仅是为了进行启迪。因为这篇演说的中心议题是人,当创世的主要范式已经完成时,人已经被塑造出来(iam plena omnia [scil. archetipa]; omnia summis, mediis infimisque ordinibus fuerant distributa),人既没有原型,也没有对应的位置(certam sedem),也没有专门的等级(nec munus ullum peculiare)。[①] 此外,由于人的创造没有明确的模式(indiscretae

---

　　① Giovanni Pico della Mirandola, *On the Dignity of Man*, trans. Charles Glenn Wallis (Indianapolis: Hackett, 1998), 4; original in Pico della Mirandola, *Oratio/Discorso*, ed. Saverio Marchignoli, in Pier Cesare Bori, *Pluralità delle vie. Alle origini del "Discorso" sulla dignità umana di Pico della Mirandola* (Milano: Feltrinelli, 2000), 102.

opus imaginis），他甚至没有自己的面容（nec propriam faci-
em）①，他必须慎重考虑，要么以野兽的形式要么以神灵的形
式来塑造自己（你自己就是自由而特别的创造者和塑造者，
你可以按照你自己喜欢的任何形式来塑造你自己。你可以
堕落为更低级的物种，那就是野兽；你也可以依照你自己的
灵魂的决定，重生为更高级的物种，那就是神灵［tui ipsius
quasi arbitrarius honorariusque plastes et fictor, in quam
malueris tute formam effingas. Poteris in inferiora quae sunt
bruta degenerare; poteris in superiora quae sunt divina ex tui
animi sententia regenerari]）。② 在没有自己面容的人的定义
中，同样的反讽机器在三个世纪之后让林奈把人归入人形动
物。由于他没有本质，也没有特殊的使命，人在构成上就是
非人；他可以接受所有的自然属性和所有的面容（在人诞生
时，天父将所有类型的种子和所有类型的生命的胚芽种植在
人身上［Nascenti homini omnifaria semina et omnigenae vitae
germina indidit Pater]）③。皮科可以将自己界定为"我们的
变色龙"，来反讽地强调他的不连贯和无法分类（有谁不惊
叹于吾人之变色龙式的特质？［Quis hunc nostrum chamae-
leonta non admiretur?]）④。对人的人文主义的发现，就是发
现了人没有他自己，发现他无法弥补地缺少等级。

　　人的暂时性和非人性，符合林奈在智人中提到的一种神

<hr>

① Mirandola,4.
② Ibid.,5; original,102 - 104.
③ Ibid.; original,104.
④ Ibid.

秘的变种野人(Homo ferus),这个变种在每一点上都与灵长目动物最高贵的那些特征不符:它用四条腿走路(tetrapus),不会说话(mutus),浑身长毛(hirsutus)。1758 年的版本中的一个清单,从人的角度辨识了这个动物:林奈谈到了野孩子(enfants sauvages)和狼孩,在不到十五年的时间里,《自然体系》就记载了五个这样的案例,即小汉诺夫(Hannover,1724)、两个比利牛斯男孩(pueri pyrenaici,1719)、一个荷兰上艾瑟尔省的女孩(puella transisalana,1717)、一个意大利坎帕尼亚女孩(puella campanica,1731)。当人的科学开始描绘出人的面庞的轮廓时,野孩子越来越多地出现在欧洲乡村的边缘,他们都是人类非人性的信使,见证了人脆弱的身份,见证了人没有自己的面庞。当面对这些不确定和沉默的存在物时,古代体制下的人们想从中辨出他们自己,让这些存在物"人性化",这种热情说明了他们已经察觉到人性的飘忽不定。正如蒙博多领主(Lord Monboddo)在《野外林中所寻见的十岁女孩的故事》(*Histoire d'une jeune fille sauvage, trouvée dans les bois à l'âge de dix ans*)的英文版序言中所写,他们完全知道"理性和动物的感觉,然而不论我们认为二者之间有多大差别,在一个无法感知的层面上,二者却有重合,这与我们在动物和植物之间划界一样困难,或更加困难"。[①] 尽管并非一直如此,但人脸的特征在这里如此不确定,如此千变万化,以至于他们的面庞就像一个临时

---

① James Burnett, Lord Monboddo, Preface to Charles-Marie de la Condamine, *An Account of a Savage Girl, Caught Wild in the Woods of Champagne* (Aberdeen: Burnett and Rettie, 1796), xviii.

的存在物，总是处在被消解和抹除的过程中。狄德罗在《达朗贝尔之梦》(Le Rêve de d'Alembert)中写道："这种奇形怪状的两足动物身高只有四英尺，在一个有争议的领域内被称为人，不过，倘若其变得更加奇形怪状，很快就不能叫这个名字了，谁知道这是不是一个暂时性物种的形象呢？"①

① Denis Diderot, *Rameau's Nephew and d'Alembert's Dream*, trans. Leonard Tancock (Harmondsworth: Penguin, 1966), 175 - 176; original in Diderot, *Le Rêve de d'Alembert*, ed. Jean Varloot and Georges Dulac, in *Œuvres complètes*, vol. 17, *Idées 4. Principes philosophiques sur la matière et le mouvement. Le Rêve de d'Alembert. Éléments de physiologie*, ed. Herbert Dieckmann and Jean Varloot (Paris: Hermann, 1987), 130.

九、人类机制

海克尔的不会说话、最早诞生的人……

——汉斯·费英格（Hans Vaihinger）

1899 年,耶拿大学的教授恩斯特·海克尔①在斯图加特的克隆尼（Kröner）出版社出版了《宇宙之谜》（*Die Welträtsel*）一书,这本书反对所有的二元论和形而上学,准备将哲学对真理的追求与自然科学的发展调和起来。尽管这本书有着不小的专业难度和讨论问题的宽度,但在几年时间里,这本书印刷了十五万册,并成为科学进步主义的福音书。这个标题不仅仅以反讽的方式指向了几年之前埃米尔·杜·博瓦-雷蒙德②在德国科学院做的一次演讲,在演讲中,这位著名的科学家列举了七个"世界之谜",宣布其中三个是"先验的和无法解决的",三个是可以解决的（尽管那时尚未解决）,还有一个不确定。在该书的第五章中,相信自己

---

① 恩斯特·海克尔（Ernst Haeckel, 1834—1919）,德国生物学家、博物学家、哲学家、艺术家,同时也是医生、教授。海克尔将查尔斯·罗伯特·达尔文的进化论引入德国,并在此基础上完善了人类的进化论理论。——中译注

② 埃米尔·杜·博瓦-雷蒙德（Emil Du Bois-Reymond, 1818—1896）,德国医生、生理学家,他是神经动作电位的发现者,也是电生理学的奠基者之一。——中译注

的实体学说已经为前三个世界之谜的解决铺平道路的海克尔,集中谈了所有问题的根本就是人的起源问题,在某种程度上,这也包含了杜·博瓦-雷蒙德的三个可以解决但当时尚未解决的问题。在这里,他相信自己通过对达尔文进化论彻底一致的应用,已经确切解决了这一问题。

他解释说,托马斯·赫胥黎(Thomas Huxley)已经说明了"'人是从猿进化而来的'是达尔文主义的必然结果"。[①]但正是这种确定性,带来了在比较解剖学的成果和古生物学的研究发现基础上重构人类进化史的困难的任务。关于这个困难的任务,海克尔在 1874 年已经写作了《人类起源》(*Anthropogenie*)一书,他重构了人从志留纪的鱼类,经由中新世的人猿或人形动物进化而来的历史。但他的特殊架构——他为此颇为自豪——假定为从类人猿(或人猿)进化为人的过程形式,这种人是一种特殊的存在物,他称之为"猿人"(Affenmensch),由于其没有语言,也称之为"不说话的猿人"(Pithecanthropus alalus):

> 从第三纪最早期(始新世)的哺乳动物开始,就诞生了灵长目最初的祖先,半猿。在中新世,半猿进化为真正的猿,更准确地说,从狭鼻猿开始,首先进化为犬猿

① Ernst Haeckel, *The Riddle of the Universe*, trans. Joseph McCabe (New York and London: Harper and Brothers, 1900), 82; original in Haeckel, *Die Welträtsel. Gemeinverständliche Studien über monistische Philosophie* (Stuttgart: Kröner, 1899), 37.

(Cynopitheci)，后进化为人猿，在上新世时期，其中的一个分支进化为不说话的猿人，从这开始，最终才进化为说话的人。①

这种不说话的猿人的存在，在 1874 年时，还仅仅是一个假设。1891 年，荷兰军医尤金·杜博瓦(Eugen Dubois)在印尼的爪哇岛上发现了一个头盖骨和一个股骨，很像今天的人类。让海克尔十分欣慰(杜博瓦本人就是海克尔的热心读者)的是，杜博瓦命名了这个存在物，认为它属于直立猿人(Pithecanthropus erectus)。不过，海克尔十分武断地认为，"这事实上就是众里寻他千百度的'失却的链条'，是灵长目进化链条上所需要的一环，这个链条从最低级的狭鼻猿，一直毫无残缺地进化为最高级的成熟的人"。②

然而，不说话的猿人（sprachloser Urmensch）的观念——海克尔也这样定义它——带来了一些他似乎并没有注意到的难题。实际上，尽管他强调是建立在比较解剖学和古生物学的研究发现基础上，从动物到人的进化却是由一个抽离出来的元素产生的，这个元素与二者都无关系，反而成为辨别人类的特征，即语言。说话的人将自己等同于语言，将不会说话的人从自身中排除出去，认为那还不是人。

语言学家海曼·斯泰因塔尔(Heymann Steinthal，他是犹太

---

① Haeckel, 83 - 84; original, 37.
② Ibid., 87; original, 39.

学[Wissenschaft des Judentums]的最后代表之一,犹太学试图用现代科学的方法来研究犹太教)揭露了隐含在海克尔猿人理论中的难题,在一般意义上,他揭示的是我们现可以称为现代人类机制的难题。先于海克尔若干年,在对语言起源的研究中,斯泰因塔尔提出了一个前语言的人类阶段。他试图构想一个人类感性生命的阶段,在这个阶段,语言尚未出现,人可以与动物的感性生命相提并论。于是,他试图说明语言是如何从人而不是从动物的感性生命进化而来的。但也就是在这里出现了问题,几年之后,他才意识到这个问题。

我们已经比较过这个纯粹假设的人类精神阶段与动物的阶段,一般来说,人类首先在各个方面都有一种超越的能力。于是,我们的人类精神将这种超越应用于语言的形成。所以我们可以说明,为什么语言是从人类精神及其感知,而不是从动物那里产生的……但在对动物和人类精神的描述中,我们不得不将语言悬置起来,我们恰恰要证明的就是语言的可能性。首先必须说明从何时开始产生了这种能力,通过这种能力,精神产生了语言,这种能力可以创造语言,显然,它不可能来自语言。也正因为如此,我们创造了一个前语言的人类阶段。当然,这仅仅是一种虚构,因为语言对于人类来说是必需的和自然的,没有语言,人类无法真正存在,也无法思考存在。人要么拥有语言,要么完全没有语言。另一方面——这判定了这种虚构——语言不可能被视为内在于人类精神的东西,相反,在这里,语言是人类的产物,即便还不完全是有意识的。这是人类精神的发展阶段,需要从之前的阶段演绎得出。其中产生了真正的人类行为,这是从动物王国导向人类王国的桥梁……但为什么人类精神可以筑造这道桥梁,为什么只有人能通过语言从动物过渡到人,而动物却不行:这就是我们通过动物与动物-人的比较来解释的东西。这个比较向我们说明,和我们必须设想的一样,人没有语言,事实上就是动物-人(Tier-Mensch),而不是人-动物(Menschentier),这是一种人类的物种,而不是动物的物种。①

将人与动物区分开来的是语言,但语言不是内在于人的心理和生理结构被自然给定的东西,相反,语言是历史的产物,这样,语言既不能归于人,也不能归于动物。如果将这个元素拿开,人与动物的区别就会消失,除非我们设想一种不说话的人——准确来说就是猿人——他可以充当一道桥梁,让动物进化为人。但所有证据表明,这仅仅是语言投射过来的阴影,在会说话的人的假设下,我们只能得到动物化的人(一种动物-人,就像海克尔的猿人一样)或者人化的动物(一种人猿)。动物-人和人-动物是一道鸿沟的两侧,他们不能

---

① Heymann Steinthal, *Abriss der Sprachwissenschaft, I: Einleitung in die Psychologie und Sprachwissenschaft* (1871; Berlin: Dümmler, 1881), 355 - 356.

从两边弥合。

　　若干年以后,在读到了达尔文和海克尔的论文之后,斯泰因塔尔又回到这个理论上来,那时达尔文和海克尔是科学和哲学讨论的中心。斯泰因塔尔十分清楚地意识到隐含在他的假设之中的矛盾。他想要理解的是,为什么只有人,而不是动物能够创造语言,但是这等于要理解人是如何从动物进化而来的。这就是矛盾所在:

　　　　直观上的人类的前语言阶段是一个,而不是两个,对于动物和对于人来说,这个阶段不可能有什么分别。如果有分别的话,也就是说如果人自然地高于动物的话,那么人类的起源就与语言的起源不一致,而是与从动物的低级形式中产生的高级的直觉形式的起源一致。由于没有意识到这一点,我界定这个起源:实际上,人以及人性特征是直接通过创世赋予我的,于是,我试图找到人的语言的起源。但若是这样,我就与我的假设相矛盾,即语言的起源和人的起源是同一个,我首先设定了人的起源,然后人产生了语言。①

　　斯泰因塔尔所察觉到的这个矛盾在这里与界定人类机

　　① Heymann Steinthal, *Der Ursprung der Sprache im Zusammenhange mit den letzten Fragen alles Wissens. Eine Darstellung, Kritik und Fortentwicklung der vorzüglichsten Ansichten* (1851; Berlin: Dümmler, 1877), 303.

制的矛盾是一个矛盾,人类机制(有两个变种,即古代和现代的变种)就是在我们文化中起作用的机制。因为人是通过人与动物、人与非人的对立而产生的,在这里关键的是,这个机制必然通过排斥(通常也就是一种俘获)和包含(通常也就是一种排斥)来发挥作用。的确,正是因为在所有时代,人类都是被预设好的,这个机制实际上产生了一种例外状态,一个不确定的区域,在这个区域中,外部不过是对内部的排斥,内部反而仅仅是一种对外部的包含。

另一方面,我们已经有了现代的人类机制。我们已经看到,这个机制是通过排斥起作用的,它将尚不是人的人区别于人类本身,即人的动物化,在人之中区别出非人:猿人。我们足以将我们的研究领域向前推进几十年,来取代这种平淡无奇的苍白的本体论,我们会发现犹太人,也就是在人之中产生的非人,或者新死人(néomort)和处于昏死状态的人,也就是在人类身体中分离出来的动物。

早前时代中的人类机制是以非常对称的方式起作用的。如果说在现代机制中,对内部的排斥产生外部,将人动物化产生非人,那么在这里,内部则是通过包含一个外部来获得的,非人也是通过对动物的人化产生的:人猿、野孩子或者野人,而且首先是奴隶、野蛮人和异乡人,成为人类形式中的动物形象。

唯有在其中心建立一个无差别的区域,这个机制才能起作用,在这个区域中(就像总是缺少的"失却的一环",它总是潜在地出现)产生了人与动物、人与非人、言说的存在和有生命的存在之间的关联。像所有的例外空间一样，这个空间的确是空的，在那里出现的真正的人类，总是不停地在那里做出最新的决定，他们的区分和重新关联都总是不断地重新脱节和错位。不过，我们所得到的既不是一个动物生命，也不是一个人类生命，而仅仅是一个与自身分裂、被自身排斥的生命——一个**赤裸生命**。

面对人与非人的这种极端状况，问题就不在于两种机制（或同一机制的两个变种）哪种更好或更有效，或者说，哪种不那么有害和血腥，而在于理解它们是如何运行的，从而我们最终或许可以阻止它们。

十、生态圈

没有动物可以进入这样与客体的关系。

——雅各布·冯·尤克斯考尔

有幸的是，雅各布·冯·尤克斯考尔男爵——今天人们将他视为20世纪最伟大的动物学家、生态学的奠基人——被第一次世界大战所摧毁。可以肯定，在那之前，他先在海德堡，后来在那不勒斯动物学研究所开展独立研究，在无脊椎动物的生理学和神经系统研究中为自己赢得了巨大的科学名誉。不过，一旦没有了家族的遗产，他就不得不放弃南方的阳光（尽管他仍然住在卡普里岛的一栋别墅里，直到1944年去世，1924年，瓦尔特·本雅明也在那里住了几个月），并加入汉堡大学，在那里他成立了一个生态圈研究所（Institut für Umweltforschung），这个研究所让他声名鹊起。

尤克斯考尔对动物环境的研究，与量子力学的创立和艺术先锋派的出现是同一个时代。和他们一样，尤克斯考尔要毫无保留地放弃生命科学中的人类中心视角，激进地消除自然形象中的人的因素（那么我们不用感到奇怪，他们既对20世纪的哲学家海德格尔产生了巨大影响，海德格尔比其他人更倾向于将人同生命存在分离开来,也影响了吉尔·德勒兹,德勒兹用一种绝对非人类的方式来思考动物)。经典科学只看到了一个世界,这个世界是由诸多物种组成的,这个世界有一个等级秩序,从最基础的形式依次上升到更高的有机体。与之相反,尤克斯考尔认为可感世界存在无限的多样性,尽管各个世界彼此没有交流,也相互排斥。这些世界都同样完美,彼此联系在一起,仿佛一张巨大的乐谱,在其最内核,是我们很熟悉又离我们很遥远的小生物,它们被称为可食海胆(Echinus esculentus)、阿米巴霉菌(Amoeba terricola)、桶状水母(Rhizostoma pulmo)、沙虫(Sipunculus)、沟迎风海葵(Anemonia sulcata)、篦子硬蜱(Ixodes ricinus),等等。这样,尤克斯考尔重构了海胆、阿米巴虫、水母、沙虫、海葵、蜱(这就是这些动物常用的名称),以及另外一些他尤为喜欢的小型有机体的环境,他把这种重构叫作"在一个不可知的世界里游览",因为这些生物的功能与环境相统一,它们似乎与人类和所谓的高级动物保持了相当的距离。

他坚称,我们太容易认为,某种动物在其环境中与事物的关系,与我们和人类世界中客体的关系是同时同地发生的。这种幻觉依赖于对单一世界的信仰,而所有的生物都定居在这个唯一的世界中。尤克斯考尔指出,这样的单一世界并不存在,正如对所有生物都一样的时空并不存在一样。在一个阳光明媚的日子里,我们看到苍蝇、蜻蜓、蜜蜂在飞,它们并不在我们看到它们的那个世界里运动,它们与我们——

以及它们彼此之间——并不共有一个时间、一个空间。

尤克斯考尔小心翼翼地区分了环境（Umgebung）与生态圈（Umwelt），环境是我们看到生物运动的客观空间，而生态圈是由一系列他所谓的"有意义的载体"（Bedeutungsträger）或"标记"（Merkmalträger）的元素所组成的，只有这些东西才是动物感兴趣的东西。事实上，环境就是我们的生态圈，尤克斯考尔并不认为这个环境具有任何特权，这样，这个环境会随着我们观察它的方式发生改变。并不存在客观上环境完全固定的森林：有守林人的森林，有猎人的森林，有植物学家的森林，有旅人的森林，有情侣的森林，有木匠的森林，最后还有迷路的小红帽的童话森林。甚至每一个微小的细节——例如野花的茎——在被视为一个有意义的载体时，每一次都会成为不同环境下的不同元素，这取决于在何种环境中观察它，例如：一个女孩摘下小花，做成花环戴在胸前；一只蚂蚁的理想就是爬到花萼上汲取营养；一只蝉的幼虫刺穿花茎的髓管，将花茎作为一个泵，来做成蝉茧的液体部分；一头奶牛简简单单地咬下小花，作为食物吞咽下肚。

所有的环境都是自在的封闭体，这个封闭体是环境中选择出来的一系列元素或"标记"的样品所组成的，这种环境仅仅是人的环境。研究者观察一种动物时的首项任务是识别出构成其环境的有意义的载体。然而，这些东西并不是从客观上和事实上分离的，而是构成了一个封闭的功能性（或者用尤克斯考尔喜欢用的说法，音乐的）统一体，这个封闭体与动物的接收器官相统一，动物感受到了这些标记，并对之做出反应。仿佛外在的有意义的载体和动物身体里的接收器构成了同一张乐谱的两个元素，就像"琴键上的两个音符，在琴键上，自然演奏了超越时空的意义的交响乐"，尽管我们不可能明白，这两个完全不同的元素何以如此紧密地衔接在一起。

我们从这个角度来看看蜘蛛网的情形。蜘蛛完全不了解苍蝇，它不可能像裁缝一样在做成服装之前，用为客户量体裁衣的方式来织网。不过，它是按照苍蝇的身体来决定蛛网中每一条丝的长度，在准确计算了苍蝇身体在飞行中的冲击力之后，它调整了蛛丝的弹性。此外，蛛网的辐丝要比环丝更为结实，因为环丝（与辐丝不同，环丝是由黏性液体织成的）要有足够的弹力来捕捉苍蝇，不让苍蝇逃走。至于辐丝，它们更加光滑和干燥，因为蜘蛛将辐丝当作捷径，可以扑向它的猎物，并最终将猎物绑在一个不可见的牢笼里。实际上，最神奇的事情是，蛛网的丝与苍蝇眼睛的视力成精确的比例，苍蝇根本看不到蛛丝，因此，到死它都没有发现是怎么回事。苍蝇和蜘蛛的两个感知世界是毫无交流的，不过，它们在旋律上如此完美，以至于我们会说，苍蝇的原始乐谱（我们也可以称之为原初形象或原型）仿佛就是以这种方式在蜘蛛的乐谱上演奏，这样，蜘蛛织就的蛛网可以视为"苍蝇氛围"（moscaria）。尽管蜘蛛绝不会看到苍蝇的生态圈（尤克斯考尔认为——于是概括了一条会获得一些成功的原则——

"没有动物可以进入这种与客体的关系",只有与其有意义的载体的关系),蛛网仍代表这种双盲关系悖谬的一致性。

维达尔·白兰士[①]提出人口与环境关系论(《法兰西地理表》[*Tableau de la géographie de la France*,1903])和弗里德里希·拉采尔[②]提出使 20 世纪的人文地理学发生深刻革命的"生命空间论"(Lebensraum)(《政治地理学》[*Politische Geographie*,1897])的几年后,出现了生态学奠基人的研究。把《存在与时间》中作为人类基本架构的在世存在(in-der-Welt-sein)的中心论题解读为对此疑难领域的回应,这并非不可能,20 世纪初这个领域在根本上改变了生物与周遭世界的传统关系。众所周知,拉采尔的论题——所有人都与作为他们最根本维度的生命空间紧密相关——在很大程度上影响了纳粹的地理政治学。尤克斯考尔传记中一个有趣的片段道出了其中的相似性。1928 年,在纳粹上

---

① 维达尔·白兰士(Paul Vidal de la Blache,1845—1918),法国地理学家,法国近代地理学奠基人。他从事区域地理与人文地理的研究,主要研究自然与人文的空间关系。他认为地理学应研究各种相关现象的因果关系,并通过对地表不同部分的比较和分析,找出其联系的一般法则。他主张通过具体区域研究人地关系,因而成为法国区域综合学派的奠基人。——中译注

② 弗里德里希·拉采尔(Friedrich Ratzel,1844—1904),德国地理学家,地理环境决定论的倡导者,曾任莱比锡等大学教授。他早年研习动物学、地质学、比较解剖学,后转攻地理学,主要研究人文地理,按自然条件或人文现象的纲目系统论述地理环境的决定性影响。他深受李特尔的思想影响,并运用了达尔文生物进化论的观点,认为人是地理环境的产物,地理环境是人地关系的主导因素;他又在斯宾塞思想的影响下,提出国家与社会是生命有机体的论点。在其主要著作《人类地理学》中,他强调地理环境决定人的生理、心理以及人类分布、社会现象及其发展进程;在所著《政治地理学》中,他把国家比作生命有机体,认为向邻国扩张领土是其生存的基本法则。——中译注

台前五年，这位头脑清醒的科学家为休斯顿·张伯伦①的《19 世纪的基础》(*Die Grundlagen des neunzehnten Jahr-hunderts*)撰写了序言，今天这篇序言被视为纳粹的先声之一。

---

① 休斯顿·张伯伦(Houston Chamberlain, 1855—1927)，英裔德国政治哲学家、自然科学家及瓦格纳传记作家，《牛津国家人物传记大辞典》中称他为"种族主义作家"。1908 年，他与瓦格纳的女儿结婚。他创作的《19 世纪的基础》为 20 世纪泛德意志运动的重要参考文献，也是后来纳粹种族政策的重要文献来源。——中译注

十一、蜱

动物能记住东西，但没有回忆。

——海曼·斯泰因塔尔

尤克斯考尔的书有时还有一些插图，这些插图试图表明，从刺猬、蜜蜂、苍蝇、狗的角度来看，人类世界的一部分如何表象。对于在读者中产生的迷失效果而言，这个实验是非常有用的，读者不得不用非人的眼睛来观察最熟悉的世界。但这种迷失从来不具有尤克斯考尔在描述蓖子硬蜱——更通俗的说法是蜱——的环境时所赋予的表现力，对蜱的描述构成了现代反人文主义的一个制高点，应当将其与《乌布王》（*Ubu roi*）①和《泰斯特先生》（*Monsieur Teste*）②对照阅读。

开篇就有一种田园诗歌的语调：

---

①　法国现代戏剧怪才阿尔弗雷德·雅里（Alfred Jarry）的《乌布王》（又译《愚比王》），1896年12月10日在巴黎上演。其荒诞不经与惊世骇俗引起了现代演出史上罕有的轩然大波。——中译注

②　《泰斯特先生》是法国诗人、评论家、小说家保罗·瓦莱里（Paul Valéry）在1896年创作的小说。在这部小说里，瓦莱里表达了对远离肉欲的灵魂的关怀。这部小说采用了笛卡尔的《谈谈方法》（*Discours de la méthode*）的写作方式。——中译注

所有经常带着自己的狗漫步在森林和树丛里的乡村居民都会十分熟悉这种小昆虫,它挂在树枝上,等候猎物,要么是人,要么是动物,这样可以随时跳到猎物身上,吸食其鲜血……它从卵中孵化出来的时候,尚未完全成形:它仍然缺少一双腿,没有生殖器官。但在这个阶段,它已经可以攻击蜥蜴之类的冷血动物,可以在草尖上栖息。在一连串蜕变之后,它获得了它所缺少的器官,并用之来捕获温血动物。

　　交配之后,雌蜱用它的八只脚爬到凸出的树枝顶端,这样的高度足够让它跳到路过的小型哺乳动物身上,或者遇到更大型的动物。[①]

　　根据尤克斯考尔的说明,我们想象一下在一个明亮的夏日,挂在树上的蜱沉浸在阳光之中,被野花的色彩和香味所包围,被蜜蜂和其他昆虫的嗡鸣、鸟儿的歌唱所浸染。但在这里,田园诗歌的氛围戛然而止,因为蜱完全感觉不到这些东西。

　　这种没有眼睛的小虫子,在它皮肤对光的敏感性的帮助下,找到它的哨所。对于这个又聋又瞎的强盗来

---

　　① Jakob von Uexküll and Georg Kriszat, *Streifzüge durch die Umwelten von Tieren und Menschen. Ein Bilderbuch unsichtbarer Welten* (1934; Hamburg: Rowohlt, 1956), 85 - 86.

说,它捕猎的方法仅仅依赖于嗅觉。所有包含了脂肪囊的哺乳动物都散发出酪酸的味道,对于蜱来说,这种味道是一个信号,使它放弃哨所,摸黑跳向猎物。如果够幸运,它掉在温血动物身上(通过一个能感知确切温度的感觉器官来感知),成功捕获了它的猎物温血动物,随后仅仅通过触觉找到最少毛发覆盖的地方,将脑袋嵌入猎物的皮肤组织。现在它便可以慢慢地吮吸温热的鲜血了。[1]

在这一点上,我们完全有理由认为,蜱喜欢血液的味道,或者至少对血的味道有感觉。但情况并非如此。尤克斯考尔告诉我们,他们在实验室用装着各种液体的人工薄膜来引导蜱,发现蜱完全没有味觉,它会吮吸有着适当温度的各种液体,即 37 摄氏度的液体,这正好对应于哺乳动物的血液温度。无论如何,蜱吸血就是它的最后盛宴,此后它只能掉在地上,产卵并死去。

蜱的例子清晰地说明了对应于所有动物的环境的一般结构。在这个特殊的例子中,生态圈被还原为有意义的载体或标记:(1) 所有温血哺乳动物都会散发酪酸的味道;(2) 37 摄氏度的温度对应的是哺乳动物的血液温度;(3) 哺乳动物的皮肤特征都是有毛发,毛发都有血管支撑。不过,蜱立即

---

[1]　Uexküll and Kriszat, 86 - 87.

就会将这三个元素整合为一种强大和剧烈的关系，与之类似，我们可以看到将人与显然更丰富的世界结合起来的关系是什么。蜱就**是**这种关系，它只能生活于其中，并为之而生活。

不过在这里，尤克斯考尔告诉我们在洛斯托克的实验室里，一只蜱在没有任何进食的情况下生活了十八年，也就是说，这只蜱与其环境隔绝了十八年。对于这个特别的案例，他并没有做出解释，他仅仅认为这只蜱处在"漫长的蛰伏期"，它"处于休眠状态，就如同我们经历的漫漫长夜"。于是，他得出的唯一结论是："没有一个有生命的主体，时间就不可能存在。"①但在长达十八年的休眠状态里，这只蜱和它的世界会变成什么样？对于一个完全依赖于它与周遭环境的关系的生物来说，在被完全剥夺这种环境的情况下它怎么可能存活？在没有时间、没有世界的情况下，我们谈"蛰伏"意味着什么？

---

① Uexküll and Kriszat, 98.

十二、世界之贫乏

动物的行为从来不是对于事物之为某物的领会。

——马丁·海德格尔

在 1929—1930 年冬季学期，马丁·海德格尔在弗莱堡大学以"形而上学的基本概念：世界—有限性—孤独性"(*Die Grundbegriffe der Metaphysik. Welt-Endlichkeit-Einsamkeit*)为题开设了一门课程。1975 年，即他去世前一年，那时他正好将他的课堂讲义送去出版（这份讲稿正式出版于 1983 年，也就是《海德格尔全集》[*Gesamtausgabe*]第 29—30 卷），他将开头的题词献给了欧根·芬克①，他记得，芬克"反复要求将这个课程的内容出版出来，让所有其他人都能分享"。在作者的立场上，这当然是一种强调自己著作重要性的稳重妥帖的方式。在理论层面上，是什么使其在年代上的优先地位具有合理性？为什么这些讲座要优先于其他作品（作品有 45 卷，在《全集》计划中，这 45 卷会囊括海德

---

① 欧根·芬克(Eugen Fink, 1905—1975)，德国哲学家，曾担任胡塞尔的助手，也是德国唯心主义现象学的代表人物之一，在胡塞尔去世后，他又成为海德格尔思想的追随者。他认为存在是对宇宙运动的展示，而人参与到这个过程当中。——中译注

格尔的课程)?

对这些问题的回答并不明朗,这并不完全是因为乍看起来,这一课程有点文不对题,也绝不是对"第一哲学"这门如此特别的学科的介绍。这本书首先对作为基本情感的"无聊"进行大篇幅——有两百页左右——的分析,随后对动物和环境、人及其周遭世界的关系进行了更广泛的研究。

通过研究动物的"世界之贫乏"(Weltarmut)和人的"筑造世界"(weltbildend)之间的关系,海德格尔试图与动物对照来定位此在(Dasein)的基本结构,即在世存在,由此对敞开(apertura)的起源和意义进行研究,由于人,在生物当中产生了这种敞开。众所周知,海德格尔始终坚持反对将人定义为理性动物,拥有语言(或理性)的生物的传统形而上学的定义,仿佛人的存在就是将某种东西加在"简单生物"之上形成的。于是,在《存在与时间》的第10节和第12节中,他试图说明对应于此在的在世存在的结构已经在所有的生命概念(无论是哲学概念,还是科学概念)中预先设定好了,这样,后者实际上就是通过从前者开始的"否定性解释"得出的。

生命自有其存在方式,但本质上只有在此在中才能通达它。生命的存在论是通过褫夺性的解释来进行的,这种存在论所规定的是:如果有某种仅只还有生命的东西能够存在,那它一定会是什么东西。生命既不是某种纯粹的现成存在,但也不是此在,另一方面,把此在看作

（在存在论上未经规定的）生命和任何别的什么东西，绝不能使此在在存在论上得到规定。①

1929—1930 年的课程在主题上所要追问的，就是动物与人之间预设和参照、剥除和补充的形而上的游戏。与生物学的比较——《存在与时间》只用了几行字就打发了这个问题——现在又一次被论及，其目的就是用一种更彻底的方式来思考单纯的生命存在与此在的关系。也正是在这个地方，这次讲座显示其是决定性的，在公众面前出版的必要性也变得清楚了。在二者的裂缝中——与此同时也在二者的相似性中——课程那清晰明了的文字在动物与人之间敞开了，不仅动物性（animalitas）变得陌生，仿佛"很难去思考它"，而且人性（humanitas）也似乎变成某种难以捉摸和缺乏的东西，悬置在"无法继续存在"和"无法离开其位置"之间。

海德格尔解说的引导性线索是由三个问题构成的："石头是无世界的，动物是缺乏世界的，而人是筑造世界的。"由于石头（并非生物）——它没有办法触及周遭的环境——很快被放在一边，所以海德格尔可以从中间项开始研究，即立即进入他所谓的"世界之贫乏"的问题。在这里，对它的哲学分析完全走向了当代生物学和动物学研究，尤其是汉斯·杜里舒（Hans Driesch）、卡尔·冯·拜耳（Karl von Baer）、约翰

①　此处参考了陈嘉映与王庆节的译本。参见马丁·海德格尔，《存在与时间》，陈嘉映、王庆节译，北京：三联书店 1999 年版，第 58—59 页。——中译注

内斯·穆勒(Johannes Müller)等人的研究,但首先是穆勒的学生雅各布·冯·尤克斯考尔的研究。事实上,不仅尤克斯考尔的研究被海德格尔清楚地描述为"哲学可以从今天的主流生物学那里吸收的最富成果的东西",而且尤克斯考尔对海德格尔讲座的概念和术语的影响,比海德格尔自己认为的还要大,那时,他用来界定动物的世界之贫乏的那些词汇,完全是尤克斯考尔使用的生态圈和内在世界(Innenwelt)的意思。① 海德格尔给出了命名,去抑因子(das Enthemmende),而尤克斯考尔定义为"意义的载体"(Bedeut-ungsträger, Mekmalträger),还有去抑环境(Enthemmungsring),也就是动物学家说的生态圈,即环境。海格德尔的能在(Fähigsein zu)将一个器官与一个单纯的机械手段区别开来,这对应于尤克斯考尔的感受器官(Wirkorgan)。动物被封闭在它的去抑因子圈里,按照尤克斯考尔的说法,动物被封闭在由少数元素所界定的感知世界里。因此,如尤克斯考尔所说:"当(动物)与其他东西发生关系时,它才能遇到让其能在的东西,这东西让其处在运动之中。其他东西都是先天的,无法穿透包裹着动物的环。"②

---

① Martin Heidegger, *The Fundamental Concepts of Metaphysics: World, Finititude, Solitiude*, trans. William McNeill and Nicholas Walker (Bloomington: Indiana University Press, 1995), 263; original in Heidegger, *Gesamtausgabe*, vol. 29 - 30, *Die Grundbegriffe der Metaphysik. Welt-Endlichkeit-Einsamkeit* (Frankfurt a. M.: Klostermann, 1983), 383.

② Ibid., 254; original, 369.

但是，正是在对动物与其去抑环境的关系的解释和对这种关系的存在模式的研究中，海德格尔远离了尤克斯考尔，筹划出一种新的策略，在这种策略中，对"世界之贫乏"的理解和对人类世界的理解处在同一个步调上。

专属于动物的存在模式——界定了动物及它与去抑因子的关系——是沉浸关系（Benommenheit）。在这里，海德格尔用了一些具有同样词源的词汇，让沉浸（benommen，沉浸其中、呆滞、闭塞）、陷入（eingenommen，浸入、不能自拔）和行为（Benehmen）之间的关系发生作用，这些词都可以回溯到动词占据（nehmen，它有一个印欧词根 *nem，意味着分配、分派、安排）。因为它在根本上是沉浸的，并完全陷入它自己的去抑因子中，动物不能真正行动（handeln）或在它的关系中表现自己（sich verhalten）：它只能行为（sich benehmen）。

行为只是在动物的自在沉浸基础上才可能的一般性的存在方式。我们应当把**动物特有的依其自身**（essere-presso-di sé）的存在界定为沉浸，这种存在与人的自我（Selbstheit）毫无关系，在动物的自在沉浸中，它所有的行为都是可能的。只有沉浸在自己的本质当中，动物才能行为……沉浸是如下事实的条件：根据动物的本质，动**物只能在一个环境，而不是在一个世界中行为**（in einer

Umgebung sich benimmt, aber nie in einer Welt)。①

为了举一个生动的沉浸的例子,说明动物无法使自己向一个世界敞开,海德格尔提及(之前尤克斯考尔描述过的)一个实验,即在实验室里,一只蜜蜂被放在一满杯蜂蜜前。蜜蜂的腹部已经被切掉,如果蜜蜂开始吸食,它会不断快乐地吸食蜂蜜,同时可以看到蜂蜜又从它那敞开的肚子里汩汩流出。

这个实验令人信服地说明了蜜蜂无法认识到周围的蜂蜜实在太多了。蜜蜂既没有认识到这一点,甚至也没有认识到——尽管可以期望更靠近点触及它——它没有肚子。它绝无可能认识到这些东西,关键在于它不断施展它的本能行为(Treiben)而罔顾这些东西,这正是因为它认识不到大量蜂蜜仍然在那里。相反,蜜蜂被食物所占据(hingenommen)。只有存在一种本能性的"趋向……"(treibhaftes Hinzu),被占据才是可能的。正是被食物所占据,阻止了这个动物采取一种超越和反抗(sich gegenüberzustellen)这种食物的立场。②

在这一点上,海德格尔研究了相对于沉浸的敞开的特

① Heidegger, *Fundamental Concepts*, 238 - 239; original, 347 - 348.
② Ibid., 242; original, 352 - 353.

征，与此同时，开始刻画诸如人与世界之间关系的否定性的形象。蜜蜂向什么敞开了？当动物与其去抑因子发生关系时，动物遭遇了什么？

海德格尔继续玩弄着动词占据（nehmen）的复合形式，他写道，在这里我们并无领会（vernebmen），仅有本能的行为（benehmen），因为"将某物领会为某物的可能性在动物那里遭到抑制，不仅仅是此时此地遭到抑制，而是完全未被给定"。① 如果动物是沉浸的，这是因为这种可能性被彻底从它身上拿走了：

> 所以，动物的沉浸意味着，**将某物领会为某物的基本能力**遭到了抑制。结果，由于抑制意味着被某物所占据，动物的沉浸成为一种特殊的存在方式的特点，在这种方式中，动物自己与其他东西发生关联，却抑制了动物表现自己并将其他东西像这样关联起来，作为当下上手的某物、作为一种存在物的可能性——或者我们可以说，这种可能性从动物身上被拿走了。也正是由于这种可能性——将与它关联的某物领会为某物——在它那里遭到了抑制，动物才会完全被他物所占据。②

这样，在以否定的方式（通过抑制）将存在引入动物环境

---

① Heidegger, *Fundamental Concepts*, 247; original, 360.
② Ibid., 247-248; original, 360.

之后,在这次课程最浓墨重彩的篇章中,海德格尔试图更准确地界定动物在其沉浸中所指向的存在论状态。

> 存在物并不会向处在沉浸当中的动物行为揭示(offenbar)出来,它们没有显露出来,也正因为如此,它们也没有与动物隔绝。沉浸处于这种可能性之外。我们不能说:存在物与动物隔绝。只有存在敞开的某种可能性,无论敞开得多么轻微,才有可能出现这种情况。但是,动物的沉浸让动物本质上处在这种可能性之外,存在物既不能向它们显露,也不能与它们隔绝。说沉浸是动物的本质,意味着:**像这样的动物并不处在存在物揭示(rivelabilità,Offenbarkeit)的潜能当中。无论是它所谓的环境,还是动物本身都无法被揭示为存在物。**①

难题在于,必须领会的存在模式既没有显露,也没有被隔绝,这样与之相关的存在物,作为一个相关物不可能被界定为真正的关系。

> 由于动物在其沉浸及其总体能力的基础上,不断受到多方面本能的驱使,所以动物基本上没有这样的可能性,即与它自身所是的存在产生关系,或与外在于它自

---

① Heidegger, *Fundamental Concepts*, 248; original, 361.

身的存在物产生关系。不断被驱使,使动物悬置在自己
与环境之间,即便任何一边都不能被体验为一个存在
物。不过,动物没有这种揭示存在物的潜能,这种揭示
的潜能在动物那里遭到了抑制,同时也就是被某物占
据。我们必须要说,动物与某物发生关系,沉浸和行为展
示了向某物的敞开。某物是什么? 我们如何描述,在被本
能性沉浸所占据的敞开中,从某种角度遭遇到了什么?[1]

对去抑因子的存在论状态的进一步界定,会让我们走向
作为动物根本特征的世界之贫乏的核心。不能相关(Il non
poter aver-a-che-fare),并不是纯粹否定:在某种意义上,它成
了敞开的形式,更准确地说,敞开甚至不是对作为存在物的
去抑因子的揭示。

如果行为并不是同存在物的关系,难道这意味着它
是与虚无的关系吗? 不! 不过如果它与虚无没有关系,
那么它必然与某物有关系,那么某物当然必须本身**存在**
并实际上**存在着**。当然——但问题恰恰是行为是否是
与某物的关系,作为一个非相关物,行为所相关的某物
通过某种方式向动物敞开(offen)。当然,这并不意味着
它**被揭示**(offenbar)**为一个存在物**。[2]

---

① Heidegger, *Fundamental Concepts*, 248; original, 361 - 362.
② Ibid., 253; original, 368.

十二、世界之贫乏
065

在这里,动物环境的存在论状态可以定义为:它敞开(offen),但不被揭示(offenbar)。对于动物而言,存在物是敞开的,但不可接近,也就是说,它们是在不可接近和晦暗性中敞开的——即在某种程度上,它们是在无关系中敞开的。没有揭示的敞开将动物的贫乏世界与人的筑造世界区分开来。动物并不单纯是没有世界,由于它是在沉浸中敞开的,所以它与石头不一样,石头是无世界的,动物在没有世界的情况下行为,它们缺乏(entbehren)世界,即在动物的存在中,可以通过贫乏和缺乏来定义动物:

> 正是因为沉浸中的动物与在其去抑环境中遇到的所有东西都有关联,也正因为如此,动物并不站在人这一边,也正因为如此,它缺少世界。不过,缺少世界并不会让动物与石头为伍——之所以不会这样,有一个根本原因。由于本能的沉浸性的能在,动物被将它分离出来的东西所占据,即这是为了某物敞开的存在物,即便它拥有非相关性。另一方面,石头甚至没有这种可能性,因为非相关性以敞开为前提。动物在本质上拥有这种敞开。在沉浸中敞开是动物的根本能力。在这个能力的基础上,它可以在缺少的情况下行为,可以贫乏,在它的存在中,这种贫乏支配着它。当然,这种拥有并非拥有世界,而是被去抑环境所占据,即拥有去抑因子。但由于这种拥有是对于去抑因子的敞开——不过,拥有将去抑

因子揭示为存在物的可能性,在这种向某物的敞开那里遭到了抑制——正因为如此,如果像这样揭示存在物的潜能真的属于世界,敞开的能力就是一种非拥有,事实上就是不拥有世界。①

---

① Heidegger, *Fundamental Concepts*, 269 - 270; original, 391 - 392.

十三、敞开

甚至云雀也看不见敞开。

——马丁·海德格尔

在课程中,关键在于将"敞开"的概念确定为存在物与世界的诸多命名之一,就像杰出(kat'exochēn)的命名一样。十多年之后,即"二战"全面爆发的时候,海德格尔又回到了这个概念,并追溯了概念的谱系。在某种意义上,这个概念明显是从《杜伊诺哀歌》的第八首哀歌所引出的,但在被用作存在之名("在敞开中,所有存在物都得到了解放……敞开就是存在本身"①)时,里尔克的用词经历了根本性的颠覆,海德格尔想通过一切方式来强调这一点。因为在第八首哀歌中,是动物(die Kreatur)用"它的眼睛"看到了敞开,这完全不同于人,人的眼睛反而"向后转",在他周围设置了"陷阱"。但人面前总是有世界——总是仅仅"面向反方向",而不会进入外部的"纯粹空间"——动物却在敞开中运动,"任何地方

---

① Martin Heidegger, *Parmenides*, trans. André Schuwer and Richard Ro-jcewicz (Bloomington: Indiana University Press, 1992), 150; original in Heidegger, *Gesamtausgabe*, vol. 44, *Parmenides*, ed. Manfred S. Frings (Frankfurt a. M.: Klostermann, 1993), 224.

都不置臧否"。

对人与动物等级关系的颠倒,正是海德格尔所追问的问题。首先,他写道,如果我们将敞开视为哲学中所说的无蔽(alētheia)的名称,即对存在遮蔽的去蔽,那么这里就不是真正的颠倒,因为里尔克所引出的敞开和海德格尔的思想试图归还思想的敞开毫无共同之处。"里尔克的敞开并不是揭示意义上的敞开。对于无蔽,里尔克并不比尼采知道得更多,也没有怀疑过任何东西。"①在尼采和里尔克那里,正是对存在的遗忘起着作用,这是"19世纪生物主义的基础,也是精神分析的基础",其最终后果就是"动物怪异的人形化和与之对应的人的动物化"。②只有人,事实上,只有本真思想的根本性的凝视,才能看到敞开,命名了存在物无蔽状况的敞开。相反,动物看不到这种敞开。

> 因此,动物不仅不能在这种封闭中运动,也不能在遮蔽中展示自己。动物被排斥在无蔽和遮蔽的冲突的基本领域之外。而这种排斥的标志就是没有动物和植物"拥有词语"。③

在这里,海德格尔用了一页极为凝练的文字,清晰地提

---

① Heidegger, *Parmenides*, 155; original, 231.
② Ibid., 152; original, 226.
③ Ibid., 159–160; original, 237.

出了动物环境和人类世界的区别，而人类世界恰恰就是
1929—1930 年课程的核心：

> 对于动物而言，它处在与它的食物、猎物、它自己同
> 类的其他动物的关系中，这样，在某种程度上，这种关系
> 不同于石头与它所依赖的大地的关联。在植物和动物
> 的生物圈子里，我们发现了某种特殊运动的萌芽，借助
> 这种运动，生物被"激活"，进入一种兴奋状态，在这种兴
> 奋的基础上，它将其他东西囊括在它所萌生的圈子里。
> 但是，植物或动物的运动或兴奋都无法用某种方式让生
> 物获得自由，也就是说，被刺激的东西无法让刺激性的
> 东西如其所是，甚至在导致兴奋状态时也不行，更不用
> 说在兴奋之前和毫不兴奋的时候。植物与动物依赖于
> 某种外在于它们自己的东西，却未曾"看到过"内部或外
> 部，也就是未曾在自由存在中看到过无蔽状态。石头和
> 飞机一样，在面对太阳时，都不能像云雀一样欢呼雀跃，
> 但是甚至云雀也看不见敞开。[1]

云雀（在我们的诗歌传统里，云雀象征着最纯洁的爱的冲
动——例如，伯纳特·德·文塔顿[Bernart de Ventadorn]的
《我看见云雀飞翔》[*Lauzeta*]）没有看到敞开，因为即便在那

---

[1] Heidegger, *Parmenides*, 160; original, 237 - 238.

一刻,它以最深的决绝冲向太阳,阳光也让它盲目。云雀不能将太阳揭示为一个存在物,也无法在太阳的遮蔽中以任何方式来展示自己(正如尤克斯考尔的蜱与其去抑因子的关系)。正是因为在里尔克的诗歌中,"生物(植物与动物)的奥秘和历史之物的奥秘之间的根本界限"①既不能被体验,也不能被追问,所以诗歌的言辞无法做出"建构历史的决定",而诗歌不断地被暴露在"让动物无拘无束地与毫无保留地化身成人"的风险当中,甚至将动物凌驾在人之上,并以这种方式制造了某种"超人"②。

那么,如果问题在于界定动物与人的边界(区别与相似),或许在1929—1930年的课程中,这个因素被用来确定动物环境的悖论性存在论状态。动物同时是敞开和未敞开——或者说得更确切些,它既非此,亦非彼,在非揭示状态中敞开。一方面,在它的去抑因子当中,以非比寻常的强烈程度,让自己沉浸和迷失于其中;另一方面,它绝对没有将占据着它、让它沉浸于其中的东西揭示为一个存在物。海德格尔在这里似乎在对立的两极之间摇摆不定,在某种程度上,让我们想起了奥秘知识——或者说非知识——的悖谬。一方面,沉浸有着比人类知识更具魔力和更强大的敞开,另一方面,由于无法揭示自己的去抑因子,它被封闭在一个蒙昧的总体当中。这样,动物的沉浸和世界的敞开,就像否定神

① Heidegger, *Parmenides*, 160; original, 239.
② Ibid., 160 - 161; original, 239.

学和肯定神学一样，彼此相关，它们的关系模糊不清，仿佛一个神秘的线索将奥秘的黑夜和理性知识的白昼同时对立和结合起来。

或许这里心照不宣地反讽地指向了这种关系，海德格尔在某一点上感觉到需要用奥秘联盟（unio mystica）最古老的象征来说明动物的沉浸，即飞蛾扑火，火吸引着蛾，但蛾直到最后都顽固不化地不知道这一切。在这里，这个象征是不充分的，因为按照动物学家的说法，蛾看不见的，正是去抑因子的非敞开，即蛾自己还沉浸于其中。而奥秘知识在本质上就是非知识的体验，也是这样的遮蔽的体验，动物不可能向非敞开展示自身，它仍然被排斥在去蔽和遮蔽的相互冲突的基本领域之外。

然而，在海德格尔的课程里，动物的贫乏世界多次被倒转为一种无法比拟的财富，据此，动物在世界上是贫乏的这个论点会遭到质疑，因为这仿佛是将人类世界过度投射到动物身上。

问题的麻烦在于，在我们的追问中，我们总要用这样的方式来解释贫乏世界和动物的圈子，最后我们说得就仿佛与动物相关的东西……是一个存在物，仿佛这个关系是一种向动物展现出来的存在论关系。然而情况并非如此，这迫使我们走向这样一个论点，即**只有通过毁灭性的观察，才能接近生命的本质**，这并不意味着，在同人的此在相比较的时候,生命是更低级或者处在较低层次上的东西。相反,生命是拥有敞开财富的领域,人类世界对此一无所知。①

不过,当这个论点似乎要被毫无保留地放弃,动物环境和人类世界似乎要合并为一个彻底异质的总体时,海德格尔通过参考《罗马书》8:19 中的著名段落,再次提出此论点,在这个段落中,圣保罗唤醒了造物渴望救赎的祈盼,这样动物的贫乏世界现在似乎反映了"内在于动物性本身的问题":

　　那么,我们必须敞开这种可能性:对世界本质的本真的和显然是形而上的理解迫使我们认为,动物并不拥有世界就是完全不相干,即在动物这样的存在方式中找到一种贫乏。生物学完全不认同这些东西,并不是形而上学思考的反例。或许只有诗人偶然谈到了这个论断,即不能任由形而上学飘荡在风中。最后,要理解圣保罗(《罗马书》8：19)文字中涉及"造物的热切渴望"(apokaradokia tēs ktiseōs)的某些东西——正如《以斯拉记》(7:12)第四章所说,在永生中,其道路变得狭窄、阴郁、无聊——基督教信仰不是必要的。发展**作为内在于动物性本身的问题的动物的贫乏世界**,并不需要任何悲

① Heidegger, *Fundamental Concepts*, 255; original, 371-372.

观论调。由于动物因其去抑环境而敞开，沉浸之中的动物在本质上持守着某种并非它自己的东西，这种东西不可能向动物展示为一种存在物或者非存在物，而是因为动物的去抑……为动物的本质带来了**根本性的断裂**（wesenhafte Erschütterung）。①

在圣保罗的书信对弥赛亚救赎的观点中，这种渴望迅速地让造物接近了人，在非揭示状态中暴露出来的动物经验中的根本性断裂，大大削减了该课程标示出来的人与动物之间、敞开与非敞开之间的距离。也就是说，贫乏世界（在某种程度上，动物在其中感受到了自己的非敞开）已经具有了一个策略性的作用，保证了从动物环境到敞开的过渡，从某个角度来看，作为动物本质的沉浸"是一个适当的背景，可以由此来区分人的本质"。②

在这一点上，海德格尔可以回到对烦的讨论（他课程的第一部分都在讨论这个问题），将动物的沉浸和他称为"深度之无聊"的基本情绪（Stimmung）出乎意料地协调起来：

> 我们会看到，这种基本情态和与之相关的一切，是从我们所谓的动物性的本质，即沉浸区分出来的。这个对照对我们来说将是决定性的，作为动物性本质的沉浸

---

① Heidegger, *Fundamental Concepts*, 272 - 273; original, 395 - 396.
② Ibid., 282; original, 408.

显然非常近似于我们界定为深度之无聊的根本特征,近似于我们描述为在总体的存在物之中此在被禁锢的魅力(Gebanntheit)。当然,可以看到,两种基本架构最紧密的近似性不过是一种表象,两者之间有一道任何中介都无法跨越的鸿沟。在那种情况下,二者的根本差异,因而也是世界的本质,对我们来说会变得异常清晰。①

在这里,沉浸表现为一种基本情绪,在这种情绪中,动物并没有敞开自己,正像此在一样,在一个世界上,却在暴露中绽出地脱离自己,这种暴露切断它自己所有的纤维。唯有我们体验到与这种没有去蔽的暴露"最紧密的相似性"——即便是表面上的相似——我们才能理解人类世界。或许并非这样的情况,即存在物和人类世界已经被预先设定好,以便通过抽离——即通过"破坏性的观察"——就能触及动物。或许恰恰相反,或许这更为真切,即人类世界的敞开(因为它最初也是对去蔽和遮蔽之间根本冲突的敞开)只能通过施加在动物世界之上的非敞开的操作来实现。这个操作的地方——在这个操作中,人在世界上的敞开和动物向其去抑因子的敞开似乎暂时重合了——就是无聊。

<hr>

① Heidegger, *Fundamental Concepts*, 282; original, 409.

十四、深度之无聊

无聊就是最纯粹状态中留下的对幸福的渴望。

——贾科莫·雷奥帕蒂

　　课程的第 18—39 节（有近 180 页的篇幅）讨论了无聊的问题，这成为海德格尔对于情绪的最广泛的分析（在《存在与时间》中，对焦虑的讨论只有 80 页）。在提出了必须从一般意义上来理解像情态（情态是此在总是已经被预先决定的最基本的方式，也是我们遭遇自己和他人最原始的方式）这样的问题之后，海德格尔用三种形式或三种程度的无聊来解释了他的分析，依照这三个程度，无聊依次增强，直到达到了他所界定的"深度之无聊"。这三种形式集中于两个特征或两个"结构要素"（Strukturmomente），按照海德格尔的说法，这两个特征界定了无聊的本质。第一个特征是被抛入空之中（Leergelassenheit）。海德格尔在开始描述了在他看来是无聊的经验的最经典的例子。

　　例如，我们坐在冷冷清清的小铁路的一个无趣的车站里。离火车出发还有四个小时的时间。这个地方毫无吸引力可言。尽管我背包里有一本书,但我要读这本书吗? 或者思考一个问题,但想什么问题? 我们不能做什么。我看了一下列车时刻表,或看了看桌子,我与车站和其他我完全不熟悉的地方有着不同的距离。我看了看钟——这才过了一刻钟。我又跑到主道上。我来来回回地走着,想干点什么事情。但这一点用都没有。随后,我数了一下主道路边的大树,又看了看我的表——离我上次看时间才过了五分钟。再次来来回回地踱步,我顺势坐在一块石头上,在沙地上画画,画完之后又看看我的表——过了半个小时——诸如此类。①

我们想让我们自己进行消遣,而这见证了我们被抛入了空之中,即对无聊根本性的经验。当我们不断地集中于某件事的时候(事实上,海德格尔更准确地用如下说法说明了这一点,这种说法预期了某种界定了动物及其环境的东西:"我们被物占据[hingenommen],即使不是在物之中完全迷失,也常常沉浸于其中。"②),在无聊之中,我们发现自己立即被抛入空之中。但在空之中,物不仅仅"从我们身边被拿走或者消除"。③ 它们就在那里,但"它们不为我们提供任何东西"。它们跟我们没有关联,这样,我们不能从它们中解放自

① Heidegger, *Fundamental Concepts*, 93; original, 140.
② Ibid., 101; original, 153.
③ Ibid., 102; original, 154.

己,因为**我们被铆定,并被移交给让我们无聊的东西**:"在某物让我们无聊的时候,我们正是让这个令人烦厌的东西逮住(festgehalten)了,我们不会让其离开(wir lassen es selbst noch nicht los),或者我们完全被其驱使,无论如何都与其绑定在一起。"①

正是在这里,无聊被揭示为此在的一种基本的构成性情绪,与之相比较,《存在与时间》中的焦虑似乎仅仅是一种回答或反应。因为,在无关联性当中,

> 存在物在总体上并未消失,而毋宁是**像这样完全无关地展现自己**。在这里与之对应,**空在总体上无差分地**囊括了存在物……这意味着,在总体上的存在物前,此在发现自己,由于无聊,处在一个位置上,在某种程度上,在无聊的形式下,包围着我们的存在物没有为我们提供进一步行动的可能性,也没有给我们任何让其他东西行动的可能性。它们自己拒绝了在总体上与那种可能性相关联。它们拒绝与此在相关联,这样,在总体上的存在物当中,此在面对它们展示自己——面对它们,面对拒绝它们自己的总体上的存在物——如果真的要成为其所是的话,此在必须面对它们而展示自己。于是,此在发现自己被移交给那些在总体上拒绝它们自己

---

① Heidegger, *Fundamental Concepts*, 92; original, 138.

的存在物(Das Dasein findet sich so ausgeliefert an das sich im Ganzen versagende Seinende)。①

在这种作为无聊的第一本质要素的"被移交给那些在总体上拒绝它们自己的存在物"中,存在物——此在,在其存在中,其存在至关重要——的架构性的结构被揭示出来。在无聊之中,此在被在总体上拒绝它们自己的存在物所铆定,因为在架构中,它"被移交(überantwortet)给自己特有的存在",在事实上"被抛入"和"迷失在"它所关注的世界中。但正因为如此,无聊揭露了此在与动物之间预料之外的相似性。**在变得无聊时,此在被移交给拒绝它自己的某物,就好像动物一样,在其沉浸中,在某种未被揭示的东西中敞露(hinausgesetzt)出来。**

被深度之无聊抛入空之中,像对"根本性断裂"的回应的东西被激活了,这种"根本性断裂"就是在动物被敞露出来与"其他"尚未像这样被揭示出来的东西之间的断裂。因此,感到无聊的人发现自己处在与动物沉浸"最紧密的相似性"之中,即便这种相似性是很表面的。在各自最特殊的态度上,它们都向一个闭锁敞开,它们在总体上都被移交给了某种拒绝它自己的东西(如果我们试图识别每位思想家的典型情绪,或许正是这种移交给拒绝它自己的某物,界定了

---

① Heidegger, *Fundamental Concepts*, 138 – 139; original, 208 – 210.

海德格尔思想中特有的情感音调）。

对深度之无聊的第二个"结构性要素"的分析，让我们既可以弄清它与动物的沉浸之间的相似性，也可以弄清无聊是如何超越动物的沉浸的。第二个结构性要素（与第一个要素，即被抛入空之中，关系密切）是悬置（Hingehaltenheit）。因为存在物在总体性中首先拒绝了它们自己，在某种程度上导致此在所做或所经历的一切——也就是此在的可能性——通过悬置来显示。在存在物绝对地毫无关联时，这种可能性现在就悬置在此在面前，这种可能性既出现了，同时又完全无法接近：

> 这种拒绝描述了此在的这些可能性。拒绝并未说过可能性，也没有为可能性开启一场讨论，而是在拒绝中指出了可能性，在拒绝可能性的时候让它们被知道……总体上的存在物已经变得毫无关系。不仅如此，而且其他某种东西同时说明了它自己：此在可能会拥有的可能性正在露出苗头，但是，它们闲置着（brachliegende），正好处在"令人无聊"的东西中，而在我们踽踽而行时，它们仍然未被利用。无论如何，我们看到，拒绝中指向了其他某种东西。这种指向就是**仍然闲置着的可能性的宣示**。①

---

① Heidegger, *Fundamental Concepts*, 140 - 141; original, 212.

动词闲置（brachliegen）一词来自农业。Brache 的意思是休耕地，也就是说，地留着未被开发，为了来年在上面种些东西。Brachliegen 意味着"使处于休耕状态"，即闲置，不种东西。这样，就揭示出作为深度之无聊的第二个结构性要素的悬置的意义。现在，此在有某种特殊的可能性，它有着做这做那的潜能（poter fare），但这种潜能被悬置和闲置了。具体可能性的闲置，第一次澄清了一般来说让纯粹可能性**成为可能**（das Ermöglichende）的东西是什么——或者如海德格尔所说，"原初的可能性"（die ursprüngliche Ermöglichung）：

　　这样的此在——即任何属于这样的存在的潜能的东西，任何涉及这样此在的可能性的东西——对于在总体上拒绝它们的存在物而言都值得商榷。不过，与这种可能性相关的就是让其成为可能的东西，让它的可能性**成为可能**的事物。任何让此在的所有可能性都成为可能，任何让此在的潜能得以实现的东西，对于在总体上拒绝它们的存在物而言都十分重要。不过，这意味着那些在总体上拒绝它们自己的存在物并没有宣示出属于我自己的多变的可能性，它们不会道出这种可能，相反，由于在拒绝中的宣示就是一种**召唤**（Anrufen），正是这种召唤，让我之中的此在本真地成为可能。与拒绝携手并进的对可能性的召唤，并非在某个不确定的地方指出（Hinweisen）此在无常多变的可能性，而是十分明确地指出，无论什么东西让其成为可能，都引导着此在所有本质上的可能性前进。对此，我们显然毫无内容，以至于我们不能用道出在手事物并把它们确定为这样或那样的事物同样的方式，来言说它是什么……宣示性地指出让此在在可能性中本真地成为可能，是一个**走向原初可能性的独特极点的必然义务**（Hinzwingen）……同时，我们被迫使的存在走向此在最极致的可能性，也属于那些在总体上拒绝自己的存在物在踽踽而行的时候所留下的东西。①

那么，作为深度之无聊的第二个本质性特征的悬置，仅仅是在悬置和闲置所有具体和特殊的可能性之下，揭示原初可能性（即纯粹的潜能）的经验。

于是，首先在闲置的可能性中出现的，就是此在原初的可能性，此在就是以存在-潜能（poter-essere）的形式存在的存在者。不过也正因为如此，潜能或原初可能性在架构上拥有非-潜能（potenza-di-no）的形式，即无能，因为只有从"不能"（poter non）中，也就是说，在对唯一的、特别的、事实性的可能性加以闲置之后，才能得到"能"（può）。

于是，深度之无聊和动物的沉浸之间的近似性，同时也是二者之间的差别，最终大白于天下。在沉浸中，动物与其

---

① Heidegger, *Fundamental Concepts*, 143 - 144; original, 215 - 216.

去抑因子有一种直接关系,暴露于去抑因子面前并为之眩晕,不过,也正是通过这样的方式,去抑因子不可能这样被揭示出来。动物所做不到的就是悬置和闲置它与它特有的去抑环境的关系。动物的环境是这样建构起来的,即纯粹的可能性不会在其中显示出来。而深度之无聊表象为形而上学上的发生器,可以从世界之贫乏过渡到世界,从动物环境过渡到人类世界。在这里,最关键的东西恰恰是人类的发生,即活生生的人的此在的生成。但在这个过程中,活生生的人的此在生成(正如海德格尔在课程中所谈到,这个负担,对人来说,就是此在),并不会开启一个更深入、更宽阔、更明亮的空间,这个世界是通过超越动物环境获得的,这个世界与动物没有关系,相反,它只能通过悬置和闲置动物与其去抑因子的关系来获得。在对去抑因子的悬置中,在保持闲置(brachliegend,处于休耕状态)中,动物的沉浸及其存在在某种未被揭示的东西中暴露出来,第一次可以被领会。敞开和自由存在并不会命名与既不敞开也不封闭的动物环境完全不同的东西:它们就是如此这般地揭示的表象,悬置并理解并未看到敞开的云雀。珍宝就安放在人类世界的中心,它的光亮(Lichtung)就是动物的沉浸,"存在物存在"的奇迹就是对存在物从未揭示状态中暴露时所发生的"根本性的断裂"的领会。在这个意义上,光亮就是未被照亮的树林(lucus a non lucendo):其中的敞开在根本上就是向封闭的敞开,无论谁在敞开中观看,都只能看到一种封闭,只是一种非—看见。

在关于巴门尼德的讲座中,海德格尔多次坚持认为相对于无蔽状态,遮蔽(lēthē)更为原初。相对于无蔽(Unverbor-genheit),遮蔽(Verborgenheit)起源更早,遮蔽的起源在很大程度上处在阴影之下,在某种程度上,这些阴影可以界定为无蔽的最原初的秘密:"一方面,'无蔽'一词将我们指向'遮蔽'之物,作为'无蔽',之前曾被遮蔽过,谁遮蔽了它,又是如何遮蔽的,什么时候在什么地方遮蔽的,又是对谁遮蔽,还有什么东西仍然未被决定。"①"在有所遮蔽的地方,必然发生或曾发生了遮蔽……当古希腊人在'无蔽状态'下指向遮蔽时,他们经历了什么,想了些什么,却不是立刻能弄清楚的。"②从我们试图描绘的角度来看,必须在如下意义上来揭开无蔽的秘密:遮蔽(lēthē)支配着无蔽(alētheia)的中心——非真理最初也属于真理——那么,遮蔽就是动物的非揭示(indisvelatezza),非敞开。在无蔽和遮蔽之间、在去蔽和遮蔽之间难以化解的冲突,定义了人类世界,而这就是人与动物之间的内在冲突。

因此,存在与虚无的互相归属就是 1929 年 7 月的讲座《什么是形而上学?》("Was ist Metaphysik?")的中心问题——这个讲座与《形而上学的基本概念》的课程是同时备课的。"此在意味着:被悬置在虚无之中(Hineingehaltenheit,

① Heidegger, *Parmenides*, 13; original, 19.
② Ibid., 15 - 16; original, 22.

基本上是与描述无聊的第二个本质特征相同的词）。"①"唯有将自己悬置在虚无当中，人类此在才可以向存在物展示自己（verhalten，在课程中，这个词界定了人与世界的关系，对立于动物的行为[sichbenehmen]）。"②在讲座中出现的焦虑情绪（没有提到烦）就占据着原初敞开的位置，而敞开只能在"虚无那晴朗的黑夜里"③产生。但是，这种在存在本身中虚无化（nichtet）的否定性从何而来？这次讲座与同一时期课程的比较暗示了对这个问题可能的回答。

从一开始，存在就被虚无所贯穿，光亮即是原初的毁灭，因为唯有通过对生物与其去抑因子的关系的中断和破坏，世界才会向人类敞开。可以肯定，正如生物并不知道存在一样，它们也不知道虚无，但存在会在"虚无那晴朗的黑夜里"出现，这仅仅因为人，在体会了深度之无聊之后，冒着悬置作为生物的自己与环境之间的关系的风险。遮蔽——根据课程导论中的说法，遮蔽就是主宰着作为本质（das Wesende）的敞开的东西，它就是让存在具有本质（essentifica）、给予存在的东西，而在其中对其保持非思——正是对动物环境的非揭示，记得其中一个也意味着记得另外一个，在世界揭示它自己前一刻，记得沉浸。让其具有本质，同时也是在存在中

① Martin Heidegger, "What Is Metaphysics?" trans. David Farrell Krell, in *Pathmarks*, ed. William McNeill (Cambridge: Cambridge University Press, 1998), 91; original in Heidegger, *Wegmarken* (Frankfurt a. M.: Klostermann, 1967), 12.

② Ibid., 96; original, 18.

③ Ibid., 90; original, 11.

虚无化的东西肇始于动物的去抑因子，这个去抑因子"既不是存在者，也不是非存在者"。此在仅仅是一个动物学会了无聊，它从自己的沉浸中觉醒，走向了它自己的沉浸。向自己的沉浸而觉醒的生物，向一个非敞开焦虑且决心的敞开，就是人。

　　1929年，在准备课程的时候，海德格尔还不知道尤克斯考尔描述的蜱的世界，他并没有参考那个文本，这个文本1934年才作为尤克斯考尔《通过动物和人的生态圈前进》（*Streifzüge durch die Umwelten von Tieren und Menschen*）的导论出现。如果他知道，他或许就会研究洛斯托克实验室里在被剥除了其去抑因子之后存活了十八年的蜱。在特殊环境下，像人在实验室里创造出来的那些东西，动物也有可能悬置它与环境的直接关联，然而，这种悬置不会让它不再是动物，也不会让它成为人。或许洛斯托克实验室里的蜱守卫着"简单生物"的奥秘，无论是尤克斯考尔还是海德格尔都没准备好面对这个奥秘。

十五、世界与大地

　　人与动物、世界和环境的关系,似乎引起了世界与大地之间的内在冲突(Streit),按照海德格尔的说法,这个冲突是艺术作品的关键所在。在两种情况下,似乎都出现一种单一范式,将敞开和封闭统一起来。在艺术作品中同样的问题——即世界与大地的冲突问题——就是遮蔽和无蔽、敞开和封闭的辩证关系问题,海德格尔在论文《艺术作品的本源》(*Der Ursprung des Kunstwerkes*)中,用与1929—1930年课程中几乎一样的话提出这个问题:"石头是无世界的。植物和动物同样不拥有世界,但它们属于悬置其中的环境下被遮蔽的杂群。另一方面,农妇拥有一个世界,因为她寓居在存在物的敞开当中。"①如果在作品中,世界代表着敞开,那么大地则命名了"在本质上将自己封闭在自身中的东西"。②"唯有在那些被保护着,并作为一种本质上不可揭示的东西保存下来的地方,大地才能出现,大地逃离了敞开,并

———————

　　① Martin Heidegger, "The Origin of the Work of Art," in *Poetry, Language, Thought*, trans. Albert Hofstadter (New York: Harper and Row, 1971), 43; original in Heidegger, "Der Ursprung des Kunstwerkes," in *Holzwege* (Frankfurt. M.: Klostermann, 1950),30.

　　② Ibid., 46; original, 32.

不断地将自己封闭起来。"①在艺术作品中,那些不能揭示的东西也昭然若揭。"艺术作品让大地本身也走向了世界的敞开,让其保持着敞开。"②"生产大地意味着:让大地敞开,犹如让它自我封闭一样(in quanto In-sé-chiudentesi)。"③

世界与大地,敞开与封闭——尽管在本质上是对立的——然而,二者不可分离:"大地是那永远自行锁闭者和如此这般的庇护者的无所促迫的涌现。④ 世界和大地在本质上大相径庭,但二者从未分开过。世界让自己根植于大地,而大地贯穿着世界。"⑤

毫不奇怪,海德格尔用来描述世界与大地不可分割的语言,似乎有一种明确的政治上的渲染。

世界与大地的互相对立是冲突。但我们可以肯定,如果我们将这种冲突与不和谐、争斗混淆,就很容易误解这种冲突的本质,这样,我们只能认为它是混乱和毁灭。相反,在根本性的冲突中,对立的双方对彼此的本质进行自我肯定(Selbstbehauptung)。然而,对本质的自我肯定,从来不是坚持某种偶然性的状态,而是从属

---

① Heidegger, "The Origin of the Work of Art," 46; original, 32.
② Ibid., 45; original, 31.
③ Ibid., 46; original, 32.
④ 这句话采用的是孙周兴的译法。参见马丁·海德格尔,《林中路》,孙周兴译,上海:上海译文出版社2012年版,第35页。——中译注
⑤ Heidegger, "The Origin of the Work of Art", 47; original, 33-34.

于自己存在本源处被遮蔽的起源……冲突越耗尽自己，肯定自己，对立双方越不妥协地进入单纯的彼此归属的亲密性。如果大地本身要表象为在封闭自我下解放了的杂群的大地，那么它不可能不需要世界的敞开。反过来说，如果作为主宰着所有根本性历史命运的呼吸和道路的世界要将自己建立在一个坚定不移的地基上，那么它就不可能远离大地。①

毫无疑问，对于海德格尔来说，政治范式（事实上是最典型的政治范式）是遮蔽和无蔽关系的关键所在。在关于巴门尼德的课程上，城邦（polis）正是由遮蔽（Verborgenheit）和无蔽（Unverborgenheit）的冲突界定的。

城邦是这样一个地方，即各种无蔽的存在物聚集在城邦当中。然而，现在如果像文本中所说的那样，无蔽拥有一种冲突性的本质，如果这种冲突性也出现在扭曲和遗忘的对立关系中，那么，作为人的根本性场所的城邦，就必须支配这种极端对立，在那里，支配着所有的非本质同无蔽和同存在物的对立，支配着在它们反本质的多元性中的非存在物。②

---

① Heidegger, "The Origin of the Work of Art," 47 - 48; original, 34.
② Heidegger, *Parmenides*, 90; original, 133.

作为遮蔽与无蔽之间冲突的真理的存在论范式,在海德格尔那里,直接就是一种政治范式。正是因为人在本质上就是在指向封闭的敞开中发生的,诸如城邦和政治之类的东西才成为可能。

如果我们现在跟随着我们一直在暗示的1929—1930年课程的解释,归还给封闭、大地、遮蔽其专用名称"动物"和"简单生物",那么无蔽和遮蔽的原初冲突,同时且在同等程度上,就是人的人性与动物性之间的冲突。动物是无法揭示的,而人让无法揭示的东西昭然若揭。在这里,所有东西都会变得很复杂。因为如果专属于人的属性,就是面向动物的封闭的敞开,如果世界带到敞开中的正是也只能是在自身中自我封闭的大地,那么我们如何理解海德格尔对形而上学的驳斥,对依赖于形而上学的科学的驳斥,因为它们对人的思考"始于他的动物性,而不是在他的人性方向上前进"①? 如果人性只能通过悬置动物性,且必须面向动物性的封闭而敞开来获得,那么在何种意义上,海德格尔理解的"既定的人的本质"摆脱了动物性在形而上学上的优先性?

---

① Martin Heidegger, "Letter on 'Humanism'," trans. Frank A. Capuzzi, in *Pathmarks*, 247; original in Heidegger, "Brief über den 'Humanismus'," in *Wegmarken*, 155.

十六、动物化

人就是动物，一种提升了自己的种属的动物。

——彼得·斯洛特戴克

海德格尔或许是最后一个仍然相信良善信仰的哲学家，即他相信城邦（遮蔽和无蔽、人的动物性和人性的冲突所支配的两极场所）仍然是可以实现的，他认为对人来说，对一个民族来说——处在那个有风险的地方——仍然可能找到自己特有的历史命运。也即是说，他是最后一个还相信人类机制仍然可以生产一个民族的历史和命运的哲学家（至少在某种程度上，而且不是没有怀疑和矛盾），这种人类机制，在每一个时代都会决定和重组人与动物之间、敞开与非敞开之间的冲突。似乎在某一点上，他意识到了他的错误，理解了这种回应存在的历史使命的决定在任何地方都是不可能的。在1934—1935年的时候，在关于荷尔德林的课程中，他试图重新唤醒"此在历史性的基本情感音调"。他写道："人的历史生存的巨大断裂（Erschütterung，这就是他用来描述敞露在某种无蔽状态下的动物存在的同一个词）的可能性已经消失了。寺庙、图像、习俗不再能为了迫使一个民族获得一个新的任务而承担历史使命。"①至此,历史终结开始敲响论证明确的形而上学的大门。

今天,在近七十年之后,所有没有绝对坏信仰的人都很清楚,人们不再有什么要承担甚至只是被分配的历史任务。在某种程度上,在第一次世界大战结束之后,欧洲的民族国家显然已经无法再承担历史任务,各民族自己注定要消失。如果我们认为 20 世纪伟大的极权主义实验只是执行了 19 世纪民族国家最后的重大任务,即民族主义和帝国主义,那么我们就彻底误解了极权主义实验的本质。现在,关键问题极为不同,也更为高深,因为被当成问题的恰恰是人们事实上的生存问题,即过去的分析中他们的赤裸生命。从这个角度来看,20 世纪的极权主义真的建构了黑格尔—科耶夫式的历史终结论的另一张面孔:现在人已经触及其历史的终点(telos),对已经再一次变成动物的人而言,唯一可以做的事情就是通过无条件地展现布局(oikonomia),或者将生物学生命作为最高的政治任务(毋宁说是一个非政治的任务),来消除人类社会的政治色彩。

很有可能,我们生活的这个时代还没有脱离这个困境。难道我们看不到我们周围和我们中间的人已经没有任何本质,没有任何身份——也就是说,他们被移交给非本质,变

---

① Martin Heidegger, *Gesamtausgabe*, vol. 39, *Hölderlins Hymnen "Germanien" und "Der Rhein"*, ed. Susanne Ziegler (Frankfurt a. M.: Klostermann, 1980), 99.

得无所事事(inoperosità)——难道看不到他们以完全错误的代价，到处探索着传承和任务，一种作为任务的传承？今天，在经济胜利的名义下对所有历史任务(将历史任务还原为简单的国内和国际治安功能)的彻底放弃，通常会强调自然生命本身及其福利似乎是人类最后的历史任务——如果这里谈及"任务"真的还有意义的话。

传统的历史潜能——诗、宗教、哲学——无论是从黑格尔—科耶夫的视角还是海德格尔的视角而言，都是让人们的历史—政治命运保持觉醒。长期以来，这些历史潜能变成了文化景观和私人经历，已经完全丧失了它们的历史效力。面对这种消逝，唯一还值得严肃对待的任务就是承担起生物学生命的重任——对生物学生命的"总体管理"——亦即，对人的动物性的管理。基因组、全球经济、人道主义意识形态就是这个进程三副统一的面孔，在这个过程中，历史终结后的人类似乎将自己的生理学作为最后的、非政治性的掌控领域。

很难说这种从总体上掌控自己动物性的人是否还是人，就人类机制每次在人与动物之间抉择所生产出来的人性的意义而言。我们也无法清楚地说明，既不能作为人也不能作为动物的生命的福利，是否还能被感受为一种圆满。可以肯定，从海德格尔的视角来看，这种人性不再拥有向动物性的封闭保持敞开的形式，而是寻求敞开，并在所有领域中防护非敞开，从而将其封闭在自己的敞开中，忘却他的人性，把存在变为其专有的去抑因子。动物的总体人性化与人的总体动物化是一致的。

十七、人类起源

我们用如下命题来总结一下，这些命题是我们解读西方哲学人类学机制的临时性成果：

1. 人类起源由人与动物的断裂和关联所造成。这种断裂首先发生在人之内。

2. 存在论或第一哲学，并不是一个无足轻重的学科，在任何意义上，它都是一种操作，让人类得以起源，从生物变成人类。从一开始，形而上学就采用了这个策略：它所关心的正是在人类历史的方向完善和保持对动物身体（physis）的克服的超越（meta）。这种克服不是一次性完成的事件，而是始终在途中的发生，每一次在每个个体那里，都要在人与动物之间，在自然与历史之间，在生与死之间抉择。

3. 然而，存在、世界和敞开，并非某种外在于动物环境和生命的东西：它们就是对生物与其去抑因子关系的中断和把握。敞开就是对动物的非敞开的把握。在这个方面，人悬置了其动物性，敞开了一个"自由而空洞"的区域，在一个例外的区域中，把握和扬弃（ab-bandonata）生命。

4. 也正是因为只有通过悬置和把握动物生命的方式，世界才为人敞开，所以存在总是被虚无所穿透，光亮总已是毁灭。

5. 在我们的文化中，支配着所有其他冲突的最关键的政治冲突就是人的动物性和人性之间的冲突。也就是说，西方政治学的起源是生命政治学。

6. 如果人类机制就是人生成历史的动力，那么哲学的终结和存在的时代命运的完成，意味着今天的人类机制是闲置的。

在这里，从海德格尔的角度来看，有两个方案是可行的：(a) 历史终结后的人的动物性不再是非揭示性的，而是担负起动物性并通过技术来主宰它；(b) 人，存在的牧羊人，拥有着他自己的遮蔽，他自己的动物性，这种遮蔽既不是被掩盖的，也不是控制的对象，它就是如其所是的思考。

十八、之间

> 和性的小秘密相比,世界上所有的谜对我们而言都
> 变得微不足道。

——米歇尔·福柯

本雅明的几篇文章都提到了人与自然、自然与历史的关系的完全不同的意象,其中一个意象就是人类机制似乎玩脱了。他 1923 年 12 月 9 日给朗格(Rang)的一封信谈到了"救赎之夜"(notte salva)。在这里,作为封闭(Verchlossenheit)的世界和黑夜的自然,对立于作为揭示(Offenbarung)领域的历史。但奇怪的是,本雅明居然把思想和艺术作品也归于自然的封闭领域。事实上,这些最后被界定

> 为不等待时日,因此也不等待审判日的自然模式,这
> 个自然既不是历史的舞台,也不是人类居住的场所。救赎
> 之夜(Die gerettete Nacht)。[1]

---

[1] Benjamin to Florens Christian Rang, December 9, 1923, trans. Rodney Livingstone, in Walter Benjamin, *Selected Writings*, vol. 1, *1913-1926*, ed. Marcus Bullock and Michael W. Jennings (Cambridge: Harvard University Press, Belknap Press, 1996), 389; original in Benjamin, *Gesammelte Briefe*, vol. 2, *1919-1924*, ed. Christoph Gödde and Henri Lonitz (Frankfurt a. M.: Suhrkamp, 1996), 393.

圣保罗关于"造物的热切渴望"的文本所确立的自然与救赎、生物与被救赎的人类之间的界限破裂了。思想——像星辰一样,"仅在自然的夜空中闪耀"——聚集了生物性生命,并不是为了揭示它,也不是向人类的语言敞开它,而是让其恢复到封闭和沉默状态。自然与救赎的分离就是古代诺斯替主义的主旨,这也让雅各布·陶伯斯(Jacob Taubes)将本雅明归于诺斯替的马克安(Marcion)①派。但是,在本雅明那里,这个分离有一个特殊的策略,它可以成为马克安派的解毒剂。在诺斯替主要派别的马克安派那里,由于坏的德穆革神的劳作,自然被低估和贬低了,相反,在本雅明这里,自然的价值则被重估了,自然被视作最高福祉(beatitudo)的原型。"救赎之夜"就是自然的名称,它已经被归还给自然本身,按照本雅明另外一篇残篇的说法,它的角色是临时的,而它的韵律是最高福祉。在这里作为关键的救赎并不涉及那些业已失去并必须重新找回的东西,不涉及那些已经被忘却又必须被记得的东西,相反,它所涉及的就是失去和忘记本身——即某种不可救赎的东西。因此,人——由于他在"某些阶段"上还是自然的——是一个被两种不同张力、两种不同救赎所穿透的领域:

---

① 马克安(Marcion,110?—160),早期基督教神学家,是《新约》第一位编辑者,自立马克安派,是第一个被基督教会判为异端的派别。他创建了一个与罗马教会平行的教会组织,并且自封主教。《天主教百科全书》称,"马克安派是基督教有史以来最危险的敌人"。——中译注

精神上的完全复原(restitutio in integrum),带来了不朽,它对应于世俗上的复原,世俗复原带来的是永恒的没落,这种世俗存在的韵律永远地化为烟尘——它在整体上烟消云散了,在空间的也在时间的整体上——这种弥赛亚自然的韵律,是至福。①

在独特的灵智中,人是一个筛网,在这个筛网中,造物的生命和灵魂、创世与救赎、自然与历史都不断地被辨识与分离,不过也不断地走向它们自己的救赎。

在《单向街》(*Einbahnstraße*)结尾的部分"通向天文馆"(Zum Planetarium)中,本雅明试图概括出现代人同自然的关系,来对应于古代人与宇宙的关系,这个关系令人神魂颠倒。现代人在这种关系中特有的地位是技术。可以肯定,不像通常人认为的那样,这不是被视为人用来控制自然的技术:

> 控制自然(也就是帝国主义的教导)是所有技术的意义所在。但有谁相信一个拿着棍子、宣称大人控制孩子就是教育的意义的人?难道教育不首先是对代际关

---

① Walter Benjamin, "Theological-Political Fragment," in *Reflections*, ed. Peter Demetz, trans. Edmund Jephcott (New York: Schocken, 1986), 313; original in Benjamin, "Theologisch-politisches Fragment," in *Gesammelte Schriften*, vol.2:1, ed. Rolf Tiedemann and Hermann Schweppenhäuser (Frankfurt a. M.: Suhrkamp, 1980),172.

系的不可或缺的管理,因此也就是控制(如果我们非得用这个词的话)这种关系而不是孩子? 同样,技术控制的不是自然,而是自然与人的关系。的确,人类(uomini)作为一个物种,在几千年前就完成了他们的进化,但人(umanità)作为物种,其进化才刚刚起步。①

　　"控制自然与人之间的关系"是什么意思? 这既不是人控制自然,也不是自然支配人,也不是某个第三项超越了二者,代表着它们的辩证统一。相反,按照本雅明的"处于停顿中的辩证法"的模式,这里的关键是"之间",即在中间,或者我们可以说,两个项之间的游戏,它们在非和谐一致之中的最直接的星丛。人类机制不再为了通过悬置和掌握非人来生产人,而衔接自然与人。也就是说,这个机制停止了,处在"静止状态",在同时悬置了两个项之后,某种我们还没有命名的东西——它既不是动物也不是人——会处在自然与人之间,处在那个被控制的关系之中,处在被救赎的黑夜里。

　　在同一本书的几页之前,在他那些最高深的格言中,本雅明谈到了已经将自己从与自然的关系中解放出来的不确定的生命形象,其代价是失却了它所有的奥秘。用来割断——而不是解决——将人与生命结合起来的秘密纽带的,

---

① Walter Benjamin, "One-Way Street," trans. Edmund Jephcott, in *Selected Writings*, vol. 1, 487; original in Benjamin, *Einbahnstraße*, in *Gesammelte Schriften*, vol. 4:1, 68.

似乎是一个完全属于自然的元素,但在任何地方都超越了它:这个元素就是性满足。生命在这种极度刺激的感官快感中,让自己从其奥秘中解放出来,从而可以说是认识到一种非自然(non-natura),在这个悖论性的形象中,本雅明安置了某种像新的非人的奥义符号一样的东西:

> 性满足将人从它的奥秘中解脱出来,这种奥秘不在于性,而在于其满足,或许只是在满足中被割断,而不是被解决了。它完全可以同将人与生命绑缚起来的锁链相比。女人斩断了锁链,男人自由至死,因为他的生命失去了奥秘。因此,他重生了,正如他的至爱将他从母亲的魔法中解放出来,女人确实让男人远离了大地母亲——她是一位助产士,斩断了自然奥秘为之编制的脐带。①

---

① Benjamin, "One-Way Street," 482; original, 62.

十九、无作

维也纳艺术史博物馆馆藏，提香，《宁芙与牧羊人》(1570)

在维也纳的艺术史博物馆里，有一件提香(Tiziano)的晚期作品(事实上，一些人将这幅作品界定为他"最后的诗篇"[ultima poesia]，即告别绘画的画)，叫作《宁芙与牧羊人》(*Ninfa e pastore*)。画的前景画着两个人物，沉浸在暗色的乡村风景中。牧羊人坐在前面，手执一根长笛，仿佛他刚刚从嘴边把它拿开。宁芙是从背后画的，赤裸着，在他边上，躺在一张豹皮上，那是淫乱和力比多的传统象征，她展示出整个白皙的臀部。她以刻意的姿态，扭过她那沉思的脸面向观众，她的左手以抚摸的姿态，轻轻触摸着她的另一只胳膊。稍远处，有一棵被闪电击中过的树，半枯半荣，仿佛罗德寓言中的那棵树，一只动物——按照一些人的说法，这是一只"莽撞的山羊"，但或许是一只幼鹿——戏剧性地跳起来，仿佛要去噬咬树上的叶子。在更高的地方，正如晚期印象主义的提香经常画的那样，我们的视野迷失在绘画生动的色块当中。

在面对这样沉浸在被耗竭的情欲和被压制的忧郁氛围之中谜一般的道德风景（paysage moralisé）时，学者们感到一头雾水，没有什么解释会令人满意。可以肯定，这个场景"情感过于饱满，难以成为一个寓言"，"而对于提出的任何假设而言，这里的情感又太过内敛和忧郁"。[1] 很明显的是，宁芙和牧羊人是在情欲上关联在一起的，但他们的关系如此随性，也如此遥远，这种关系太特别了，以至于他们一定是"抑郁的情人，他们的身体如此靠近，但他们的情感却如此疏远"。[2] 画中的一切——色彩那单调的色调，女性那黯淡沉思的表情，还有她的姿态——"都意味着这对情侣偷吃了智慧树的果子，将要失去他们的伊甸园"。[3]

朱迪斯·邓达斯（Judith Dundas）正确地注意到这幅画与提香的另一幅画之间的关联，即位于爱丁堡的苏格兰国家

[1]　Erwin Panofsky, *Problems in Titian, Mostly Iconographic* (New York: New York University Press, 1969), 169.

[2]　Ibid.

[3]　Judith Dundas, "A Titian Enigma," *Artibus et Historiae* 12 (1985): 54.

爱丁堡苏格兰国家美术馆馆藏，提香，《人的三个阶段》(1512—1514)

美术馆（National Gallery of Scotland）收藏的《人的三个阶段》(*Le tre età dell'uomo*)。按照这位学者的说法，维也纳那幅画——画于这幅画之后许多年——吸收了这幅画的几个元素（爱侣、长笛、干枯的树、动物的在场，或许是同一只动物），但用更黑暗和沮丧的色调来表现它们，与《人的三个阶段》那清澈明亮的风格毫无共同之处。然而，两幅画作的关系比这更为复杂，让我们想到，提香是有意识地回到他早年的那幅作品，在深入研究两幅作品共同的情欲主题之后，逐渐放弃了那幅早期作品（在爱丁堡的画作中——情欲与干树的在场就是证明——"人的三个阶段"的图像学主题，在对爱的冥思的形式下，得到了处理）。首先，两个爱人的形象被颠倒了，在早期的画作中，男人赤裸，女人却穿着衣服。画的并不是她的背后，而是她的侧面，在这里她手中的长笛，到维也纳的那幅画作中，被转交到牧羊人手中。在《人的三个阶段》

中，我们还会发现，在右边，那棵残缺而干枯的树——象征着知识与罪恶——下倚着厄洛斯。但在晚期作品中这个主题又一次出现时，提香让这棵树一侧富有生机，这样就让两棵伊甸园之树，即生命之树和善恶知识之树合二为一了。在《人的三个阶段》中，小鹿宁静地待在草坪上，现在却占据了厄洛斯的位置，并长出了生命之树。

男女之间性关系的谜已经处于第一幅画作的中心，这样它又得到了一个新的也更为成熟的概括。感观快感和爱——就像我们看到的那棵半枯半荣的树一样——并不一定预示着死亡与罪恶。可以肯定的是，在性满足当中情侣都知道了彼此身上某种他们不应该知道的东西——他们失去了他们的奥秘——不过仍同样费解。但两个人一起揭开这个秘密之后，正如本雅明的格言所示，他们进入了一种全新的也更幸福的生活，这既不是动物的生活，也不是人的生活。性满足所达到的并非自然，而是（就像画作中动物跳起来噬咬生命和知识之树上的树叶所象征的一样）超越自然和知识、超越遮蔽和无蔽的更高阶段。这对情侣使对方了解到，自己最隐秘的秘密就是缺乏奥秘，他们相互原谅，并暴露了他们的虚无（vanitas）。不论赤裸还是着衣，他们都不再是遮蔽或无蔽——相反，他们都变得不明显（inapparenti）了。这对情侣的姿势和从嘴边拿开的长笛清楚地表明他们的状态是闲散的（otium），这就是无作（senz'opera）。倘若真的如此，像邓达斯所说的那样，在这些画作中，提香创造了"一个王国,在其中思考身体与灵魂的关系"①,那么在维也纳的那幅画作中,这种关系可以说被中性化了。在他们的性满足中,失去了奥秘的情侣,思考着人的本质,即完全的无作状态——人和动物的无作(inoperosità),就是生命最高和不可救赎的形象。

① Dundas, 55.

二十、存在之外

隐微教诲意味着：对非知识模式的解释。

——弗里奥·杰西

在《文献》中，巴塔耶从 2 世纪中叶埃及的诺斯替主义者巴西里德①那里复制了兽首雕像，巴西里德写作了二十多卷的福音书的注解。按照他设计的耶稣救世学的剧情，那个非实存的神灵，起初向宇宙中注入了三个种子或血脉（filialità），最后一个种子在庞大无比的身体物质中"早产"了，不得不返回它从其中而来的神性非实存。直到这里，我们还无法区分巴西里德的宇宙论与宇宙混杂和分裂的诺斯替主义的大剧情。但是，他那无可比拟的原创性在于，他第一次提出了物质状态和自然生命问题，一旦所有的神灵和精神元素放弃了它们，它们就会回到它们原来的位置。圣保罗的《罗马书》中有关于等待救赎时发出呻吟、忍受分娩阵痛的自然

_____

① 巴西里德(Basilides，生卒年不详)，埃及亚历山大城的早期诺斯替派宗教教师，117 年到 138 年在亚历山大城传教，他宣称自己是使徒圣马提亚的弟子。有人认为，他写作了关于基督教福音书的注释，收录在他的《解经》(Exegetica)中，但现已经散佚，而《解经》让他成为基督教最早的福音书注解者。他的著作只留下残篇，被保留在其论争对手的著作里。——中译注

的段落,巴西里德通过对此进行精彩解读,提出了这个问题:

> 于是,当整个血脉回到上面,超越了精神的边界,整个创世都会接受怜悯。因为直到今天,它仍然呻吟着,经历着磨难,等待着上帝之子的救赎,这样所有这个血脉的人,或许都会从此升入天堂。当这一切发生的时候,上帝让整个世界变得完全无知(megalē agnoia),这样所有的生物都会处于它们的自然状态(kata physin),不再欲求任何与其本性矛盾的东西。这样,所有发现自己处在这个范围内的灵魂——其本性是只有在这个地方才会不朽——会始终待在下面,只知道那个范围里的东西。在下面的这个区域内,没有任何关于上方现实的消息和知识,因此下面的灵魂不会为欲求不可能得到的东西而感到痛苦,就像鱼努力想和山上的羊群一起吃草一样——这样的欲望将让其毁灭。①

在自然生命是不可救赎的并已被所有精神元素彻底抛弃的观念中——不过,由于"彻底的无知",自然生命也有完美的幸福——巴西里德给出了在历史终结后,人重新获得动物性的一个反面形象,这让巴西里德十分困扰。在这里,黑

---

① Werner Foerster, ed., *Gnosis: A Selection of Gnostic Texts*, vol. 1, *Patristic Evidence* (Oxford: Clarendon Press, 1972), 72; original in Manilio Simonetti, ed., *Testi gnostici in lingua greca e latina* (Milano: Mondadori, 1993), 172.

暗与光明、物质与精神、动物生命与逻各斯（在人类机制中，这些关联生产了人）永远分离了。但是，这不是为了把它们封闭在一个更加无法洞悉的奥秘中，而是为了解放它们更真实的本质。关于阿尔弗雷德·雅里，一个批评家写道，理解他著作的一把炼金术钥匙似乎是"一个承袭于中世纪科学的信仰，即相信在生存期间能将那些紧紧结合在一起的不同自然本质分离开来的人，将会成功地在自身中释放出深层的生命意义"。① 不容易想象这一生命形象——无论这个形象是新的还是老的——在明确地告别了逻各斯与它自己的历史之后，在自然（尤其是人的自然）永恒且无法救赎的幸存的"救赎之夜"闪耀。它不再是人，因为它已经完全遗忘了所有的理性元素，忘却了所有掌控其动物性生命的计划。但如果动物性正是由世界之贫乏，由其对启示和救赎蒙昧的祈盼来界定的，那么这个生命也不能被称为动物。它当然"没有看到敞开"，鉴于它不能将敞开作为一种控制和知识的工具，但是它也不能单纯地封闭在沉浸之中。这种无知（agnoia），这种降临在它身上的非知识，并不会导致它与它自己的遮蔽的关系完全丧失。相反，这个生命仍然宁静地保持着与作为非知识领域的自己特有的自然本性（menei...kata physin）之间的关联。

　　词源学家在面对拉丁词语 ignoscere 时，常常会感到困

---

① René Massat, Preface to Alfred Jarry, *Œuvres complètes*, vol. 1 (Lausanne and Monte Carlo: Édition du Livre, 1948), 12.

惑,这个词似乎可以解释为*in-gnosco,其意思不是"不知道"(ignorare),而是"宽恕"。阐明一个非知识领域——或者说得更准确些,一个无知识(ignoscenza)领域——在这个意义上意味着不仅仅要让某物存在,而且要让某物外在于存在,使其不可被救赎。正如提香的情侣宽恕彼此缺少秘密,在救赎之夜里,生命——既不是敞开也不是不可揭示的——宁静地保持着与自己的遮蔽的关联,让其外在于存在。

在海德格尔的解释中,与动物关联的去抑因子既不是一个存在者,也不是一个非存在者,因为只有在人那里,去抑因子才第一次得以如此存在,只有在人那里才有存在,存在物才变得可以接近、可以显示。这样,海德格尔存在论的最高范畴得到阐明:任其存在(lasciar essere)。在这个蓝图中,人为了潜能而自由,并将自己托付于潜能,任世界与存在物存在。然而,如果我们的解读已经切中要害,如果人可能敞开一个世界,解放一种可能性,仅仅是因为在无聊的经验中,他可以悬置和闲置动物与自己去抑因子之间的关系,如果敞开的中心就是动物的无法揭示的东西,那么在这里我们必须要问:是什么生成了这种关系?通过何种方式,人才能任由动物——世界在对它悬置的基础上保持敞开——存在?

由于动物既不知道存在物,也不知道非存在物,既不知道敞开,也不知道封闭,它是外在于存在的,它是比所有敞开更外部的外部,也是比任何封闭更私密的内部。任由动物存在意味着:让动物外在于存在。非知识——或无知识——的领域在这里至关重要，它超越了所有的知与非知，超越揭示与遮蔽，超越存在与虚无。但留在存在之外并不是被否定或者拿走，因此，它不是非实存（inesistente）。它是一个现存（esistente），一个超越了存在与存在物之间差异的实物。

然而，这里的问题不在于描绘出新造物不再是人或动物的外表，新造物与其他东西一样，都有变成神话的风险。正如我们所看到，在我们的文化中，人总是人与动物区分和关联的结果，其中运算的两个项的任何一个都十分关键。让这个支配着我们关于人的概念的机制变得无作，意味着我们不再寻求新的（或更有效更本真的）关联，而是说明它们中心的空洞，在人之中区分人与动物的裂口，让我们自己在这个空洞中面临风险：悬置了这种悬置，动物和人同时安息（shabbat）。

如果有一天，按照新古典的形象，人文科学在我们历史的沙地上形成的"沙地上的脸"①最终被抹去，这个位置上将会出现的不是重新获得人性或动物性的圣手帕圣像（mandylion）②

---

① 这里的典故是福柯《词与物》的名句："人终将被抹去，如同大海边沙地上的一张脸。"阿甘本称之为新古典的形象。——中译注
② 圣手帕圣像，也译作曼迪罗圣像。据说，它不仅仅是基督真实的肖像，而且是基督乐意地创制了它。因此，它常被引用，既作为基督道成肉身的证据，因为它曾与基督的身体有过接触，也被视作为圣像支持派的立场辩护的证据，因为它表明基督本人已认可了他的肖像的制作。第一次提及圣手帕的存在，是在 6 世纪的时候。据说，埃德萨（Edessa）王阿布贾（Abgar）五世生病了，他请求基督前来为他治病。基督没有去拜见阿布贾，却将一条手帕铺展于脸上，印上他的面部特征，并将这条手帕送给了阿布贾。一收到手帕，国王就奇迹般地痊愈了。这个圣像遗失过，后被重新发现，并被保存在伊德沙。944 年，伊德沙被包围，得到圣手帕成为敌军撤退的条件。——中译注

或维罗妮卡圣帕（Veil of St. Veronica）①。安布罗西尼图书馆里，带有兽首的义人，并不代表人-动物关系的新的退化，而是作为"伟大的无知"的形象，让两者都外在于存在，正是在不可救赎的意义上得到救赎。或许还有一条道路，生物能端坐在义人的弥赛亚筵席上，不需要承担历史任务，也不需要让人类机制发挥作用。再说一遍，若要解开这个让人得以产生的神秘关联（mysterium coniunctionis），就需要对这个分裂的实践-政治上的奥秘进行史无前例的研究。

---

① 维罗妮卡圣帕，印有耶稣真容的手帕。在耶稣被拉往刑场途中，一个叫维罗妮卡的女人用自己的面纱为他擦汗，传说是耶稣的面容被神通印在此布上了，成为传说中的耶稣真容。此布据说还存在，但收藏于某大教堂的楼上，并被密封，无法取出，是镇堂之宝。——中译注

L'APERTO: L'UOMO E L'ANIMALE

(C) 2002 by Giorgio Agamben. Originally published by Bollati Boringhieri, Torino, Italia
Chinese translation published by arrangement with Giorgio Agamben c/o Agnese
Incisa Agenzia Letteraria
Simplified Chinese edition copyright © 2019 by Nanjing University Press

江苏省版权局著作权合同登记　图字:10-2011-474 号

图书在版编目(CIP)数据

敞开:人与动物 /(意)吉奥乔·阿甘本著;蓝江
译. 一南京:南京大学出版社,2019.2(2025.1 重印)
(当代激进思想家译丛 / 张一兵主编)
ISBN 978-7-305-20988-8

Ⅰ.①敞…　Ⅱ.①吉…　②蓝…　Ⅲ.①哲学理论一研
究　Ⅳ.①B0

中国版本图书馆 CIP 数据核字(2018)第 223672 号

出版发行　南京大学出版社
社　　址　南京市汉口路 22 号　　　　邮　编 210093
丛 书 名　当代激进思想家译丛
书　　名　敞开:人与动物
　　　　　　CHANGKAI:REN YU DONGWU
著　　者　[意]吉奥乔·阿甘本
译　　者　蓝 江
责任编辑　顾舜若　张　静
照　　排　南京紫藤制版印务中心
印　　刷　江苏苏中印刷有限公司
开　　本　920 mm×1194 mm　1/32 开　印张 5.125　字数 92 千
版　　次　2019 年 2 月第 1 版　印次　2025 年 1 月第 6 次印刷
ISBN 978-7-305-20988-8
定　　价　38.00 元

网　　址:http://www.njupco.com
官方微博:http://weibo.com/njupco
官方微信:njupress
销售咨询:(025)83594756